明治四年
久留米藩難事件

Urabe Noboru
浦辺 登

弦書房

〈カバー表・写真〉
良成親王陵墓遠景（福岡県八女市）
〈カバー裏〉
久留米藩士 川島澄之助著『明治四年久留米藩難記』の自筆の題名から
〈本扉・写真〉
久留米城門（福岡県久留米市）

目次

はじめに　11

第一章　幕末期・久留米藩の特殊性――金鉱山と洋船を保有していた…　23
久留米藩の成り立ち　24
幕藩体制下の九州の事情　26
「両肥両筑」による徳川慶喜支援　28
「鎖国」時代の久留米藩　29
開国後の久留米藩　31
尊皇攘夷と久留米藩　32
封建制度と久留米藩　34
廃藩置県と久留米藩　35

第二章　明治四年・久留米藩難事件……………　39
一　小河真文　40

小河真文の碑文から　40
嘉永の大獄　44
不破美作暗殺事件　48
不破美作暗殺の斬奸状　53
「応変隊」創設　57
「箱館戦争」での久留米藩　59
藩政安定のために議院が創設される　62
山口藩の藩論恢復に意見が一致　64
旧奇兵隊士の潜伏が政府の問題となる　66
巡察使の派遣、反政府行動の謀議、そして逮捕　68
裁判の為に東京に送られる　71
判決がくだる　73
小河真文の顕彰碑の建立　74

二　水野正名　77

水野正名の碑文から　77
久留米勤皇党の置かれた時代背景　82

十志士の殉難　85
「東京大会議」の四つの議題　88
久留米藩有馬家の終焉　94
終身禁固となった水野正名　95

三　古松簡二　97

水天宮の古松簡二の漢詩碑を読み解く　98
古松簡二の人物像　100
古松簡二が国事に奔走した背景　101
久留米藩に「征韓論」起きる　104
藩政改革の裏側で　107
反政府事件の始まり　109
反政府行動の矛を収める　111

四　大楽源太郎　113

発心公園《ほっしんこうえん》の大楽源太郎漢詩碑を読み解く　114
奇兵隊の創設と反乱　116

「隊中様」と崇められる賊　119
赤根武人の斬殺　120
大楽源太郎の脱走　122
久留米に潜伏する大楽源太郎　124
日田百姓一揆の真相　126
武士の論理で殺害された大楽源太郎　128
五　久留米藩難事件の総括――明治初期・反政府事件の嚆矢　130
第三章　事件後の反政府事件――西南戦争をへて自由民権運動へ……135
今井栄と久留米海軍　136
久留米海軍生みの親・今井栄　139
久留米藩が抱える星野金山　141
田中久重という天才の存在　143
川島澄之助と宮地嶽神社　146
自由民権運動に走る川島澄之助　149

江碕済と久留米藩難事件　151
久留米士族の福島県移住と大久保利通　155
大久保暗殺　157
武田範之と玄洋社、黒龍会　158
権藤成卿と五・一五事件　161

第四章　事件現場を歩く……163

大楽源太郎殺害現場　164
もう一つの殺害現場、豆津浜　167
耿介《こうかい》四《よん》士《し》の墓　172
殉難十志士の慰霊碑　175
応変隊屯所跡　177
もう一つの川島澄之助の墓　180

関連年表――明治四年・久留米藩難事件を中心に　184
石碑原文　190
小河真文先生碑／水野正名先生碑／古松簡二漢詩碑
久留米藩難事件処罰対象者　195
あとがき　201
主要参考文献　204
主要人名索引　213

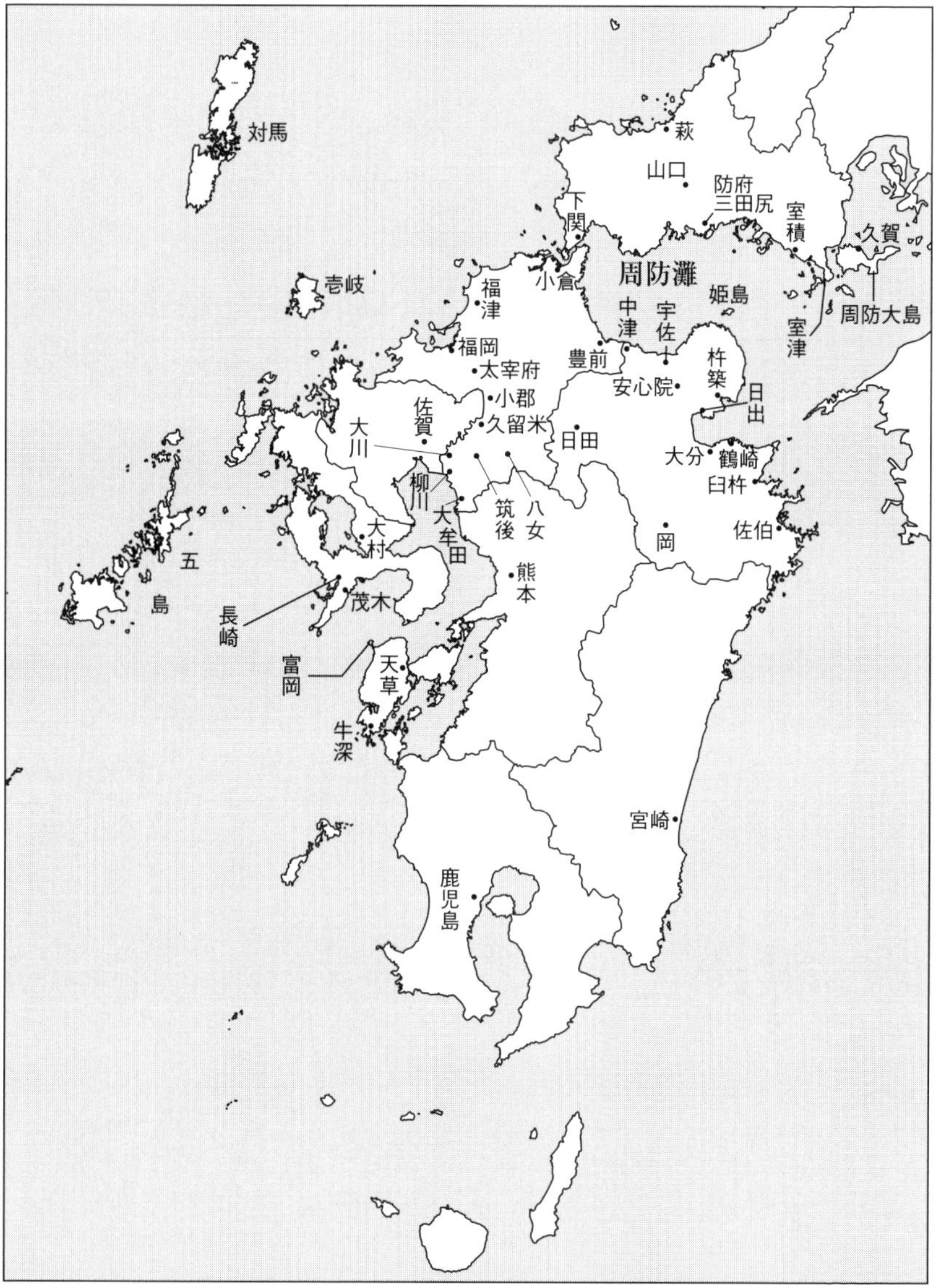

久留米藩難事件(明治４年)に関連した地名

幕末期の久留米藩とその周辺図
（明治2年の版籍奉還から、明治4年の廃藩置県まで、
藩の呼称は旧藩名と藩知事の苗字が付いた藩名とを併用していた）

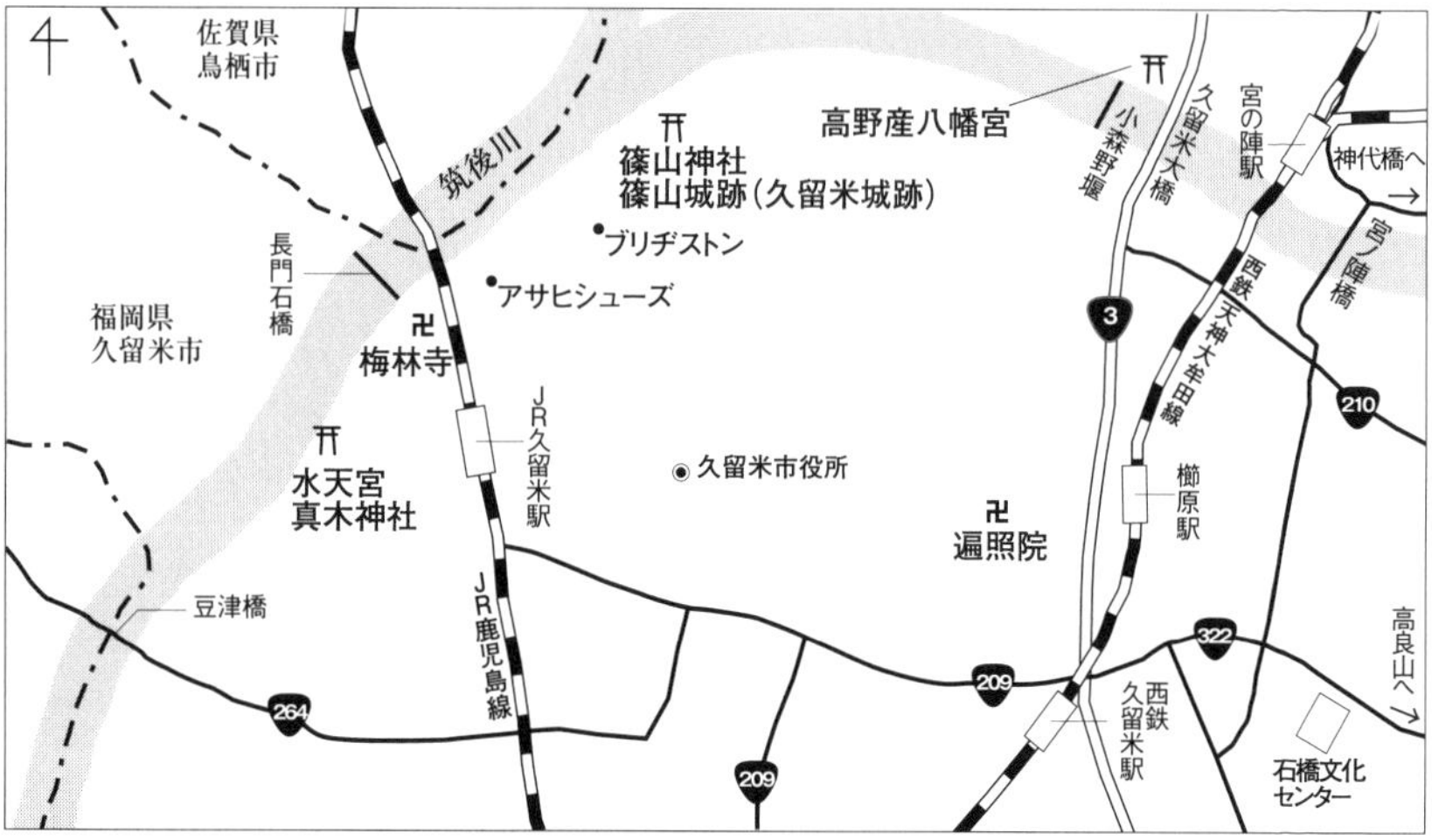

福岡県久留米市の中心部と筑後川

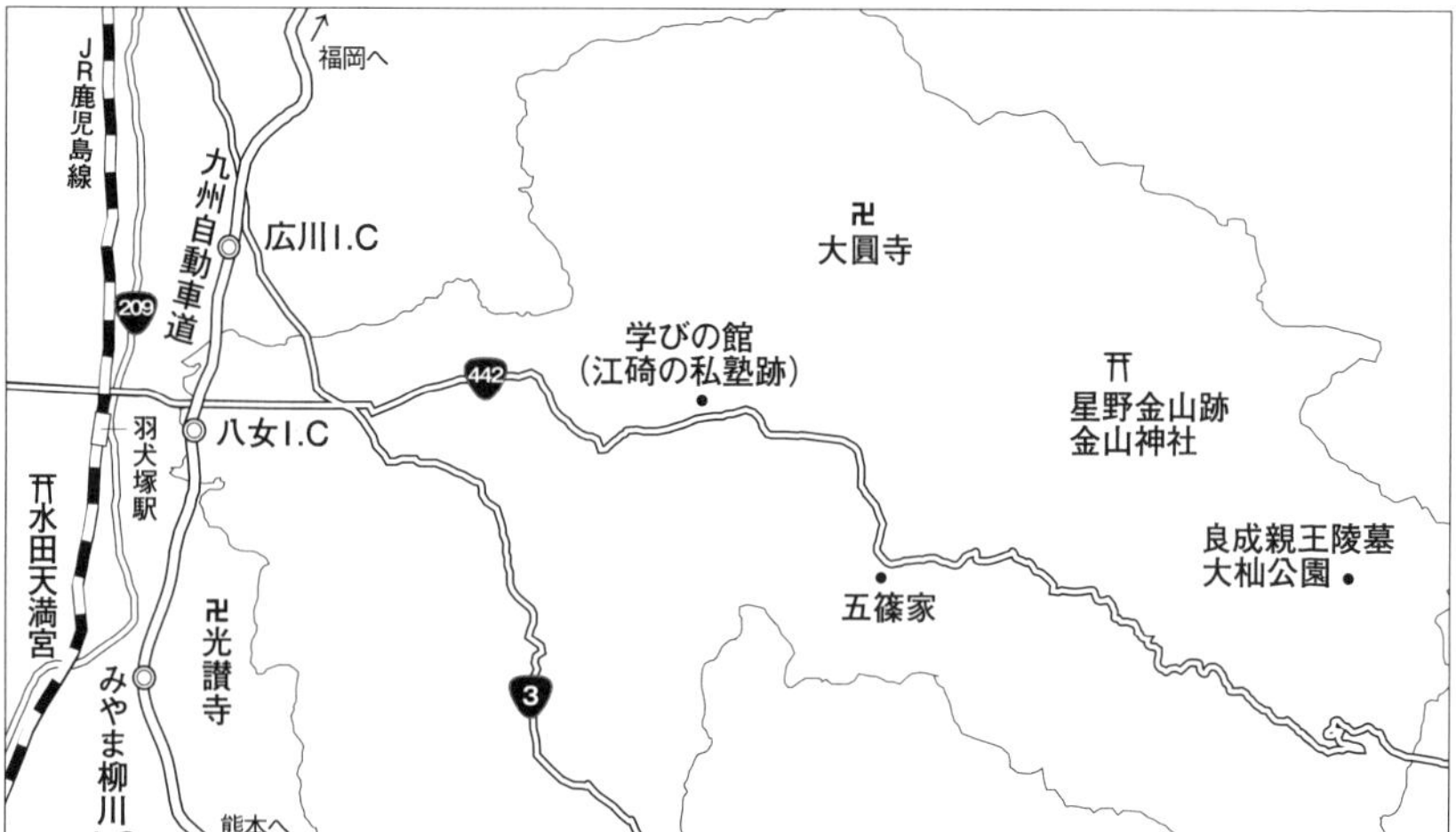

福岡県八女市とその周辺図

はじめに

　幕末維新史は明治新政府の中枢を占めた薩摩藩（鹿児島県）、長州藩（山口県）の維新史に司馬遼太郎の小説を読んでおけば事足りるという意見がある。しかし、東北地方、特に会津藩（福島県）においては、いわゆる薩長史観にモノ申す方が多い。西郷隆盛、大久保利通《おおくぼとしみち》、木戸孝允《きどたかよし》（桂小五郎）を「維新の三傑」と評することに疑問を抱く声もあがる。明治十年（一八七七）の西南戦争では、戊辰戦争《ぼしんせんそう》の敵討ちとして東北諸藩出身の旧士族が警視庁巡査に志願。西郷軍と死闘を繰り広げた。一口に明治維新といっても、いまだ了解されていない事々は多い。

　なかでも、西南戦争に代表されるように、明治維新の原動力となった西南雄藩から、なぜ、反政府（反明治新政府）に転じる者が出てきたのか。歴史年表に記載される事々を見ると、明治二年（一八六九）の戊辰戦争終結から明治六年（一八七三）の「征韓論」に飛び、西南戦争によって幕末維新の総括となる。この戊辰戦争から西南戦争の間に、見過ごした事件があるのではないか。ふと、疑問を抱いたのは、明治四年（一八七一）の久留米藩難事件関連史跡を目にしたことからだった。

この久留米藩難事件の史跡が遺るのは、福岡県久留米市寺町にある遍照院だ。ここには「寛政の三奇人」の一人と称される高山彦九郎《たかやまひこくろう》の墓がある。久留米水天宮宮司であった真木和泉守《まきいずみのかみ》が歿後五十年祭を斎行し、福岡脱藩浪士の平野國臣が墓前に灯籠を寄進もした。今も、日本全国から墓参に訪れる方がいるほど、彦九郎の人気は高い。しかし、なぜ、上野国《こうずけのくに》新田郡（群馬県太田市）出身の彦九郎が九州の久留米で自決したのか、謎は多い。

高山彦九郎、大楽源太郎らの墓碑がある遍照院山門（久留米市寺町）

その謎の彦九郎の墓碑の真後ろに大きな碑が一基立っている。訝《いぶか》りながら確認すると「耿介四士之墓《こうかいよんしのはか》」と刻まれている。碑の前には久留米市が立てた看板があり、それを読むと長州の大楽源太郎《だいらくげんたろう》ら四名の墓と記してある。今に伝わる「大楽源太郎事件」の墓碑だが、先ほどの彦九郎と同じく、なぜ、長州（山口県）の大楽たちは久留米にやって来たのか。なぜ、久留米市に墓碑があるのか。実に、謎が多い。

遍照院に立つ高山彦九郎の胸像、今も彦九郎を慕って全国から参詣者が絶えない

更に、その奥にも

「辛未殉難志士之墓」、高山彦九郎の墓の奥にある
（久留米市寺町・遍照院）

「辛未《しんび》遭難《そうなん》志士《しし》の墓《はか》」の碑がある。案内看板によれば明治四年の久留米藩難事件関係者の慰霊墓という。それが、なぜ、明治二十八年に建立されたのか。

試みに、「耿介四士之墓」の看板文を記してみる。

明治三年（一八七〇）の久留米藩は、封建・攘夷論が藩政の基調になっており、新政府に非協力的な態度をとっていました。この情勢の中で、山口藩兵解隊反対の騒動がおき鎮圧されると、騒乱の指導者であった大楽源太郎らは同年三月に旧知の古松簡二らを頼り久留米藩に潜入します。これが久留米藩を中心とした全国的な反政府事件の始まりです。藩の尊攘派は当初大楽らをかばいますが、新政府の厳しい追及によって、罪が藩主頼咸に及ぶことを恐れ、明治四年三月十六日、大楽源太郎を小森野高野浜で、弟山縣源吾、門弟小野清太郎を豆津浜で謀殺し、従僕中村要助を津福木見《このみ》神社で自殺させました。この四名の墓が「耿介四士之墓」です。この墓の左には川島澄之助《かわしまますみのすけ》・松村雄之進《まつむらゆうのしん》・柳瀬三郎《やなせさぶろう》の墓が並びます。この三名は大楽らの殺害にかかわっていました。墓碑は明治二十六年に松村雄之進らによって建立されています。久留米市正直な感想として、これだけを読んでも大楽源太郎事件が何であったのか、皆目わからない。「辛未遭難志士の墓」という久留米藩難事件に関する碑の看板を読んでも、なおさら、わからない。意図的に、事件の全貌がわからないようにしているのだろうか。

久留米城址の小河真文、水野正名の碑

「耿介四士之墓」の看板文に「藩主頼咸《よりしげ》」として、久留米藩主有馬《ありま》頼咸《よりしげ》の名前があったことから、篠山城《ささやまじょう》こと久留米城の址を訪ねた。ここは、久留米藩二十一万石の居城があった場所だ。今は初代久留米藩主の有馬《ありま》豊氏《とようじ》から続いた有馬家当主を祭神とする篠山神社がある。この祭神の中には、年末の競馬の重賞レース「有馬記念」の冠になった有馬《ありま》頼寧《よりやす》（日本中央競馬会第二代理事長、農林大臣、有馬家第十五代当主）も祭神として祀られている。いわば久留米藩の歴史が凝縮された場所でもある。久留米藩難事件というだけに、久留米城址であれば大楽源太郎事件、久留米藩難事件の史跡の一つでも見つかるかもしれないと思ったからだ。

訪ねてみると、旧久留米城の石垣の一隅に小河《おごう》真文《まふみ》先生、水野《みずの》正名《まさな》先生という久留米藩難事件関係者の碑が立っていた。経年劣化した碑文を読み進むのに難渋する。しかし、碑の前に案内板が立っており、その看板に小河真文は次のように記されていた。

小河真文（おがわ・まさふみ）

嘉永元（一八四八）年、久留米藩士・小河新吾の長男として出生。明治義挙の中心人物。早くから勤王の志を持っていた彼は「久留米藩難事件」で保護を求めてきた長州の大楽源太郎を匿いました。これにより新政府に対する謀反の罪で明治四（一八七一）年に処刑。二五歳の若さでした。大正三（一九一四）年建立。

看板の小河真文《おごうまふみ》の振り仮名は「おがわ・まさふみ」となっている。明治維新史の人名辞典も「おがわ・まさふみ」となっていることから、振り仮名は辞典に従ったものと思える（今は、看板のふりがなの間違いは遺族の申し出により、神社側で塗りつぶされている）。

この振り仮名の間違いからしても、日本史として、郷土史として、久留米藩難事件が正しく伝わっていないことがわかる。その他、案内板には、久留米藩難事件、長州の大楽源太郎、新政府に対する謀反などが記されていた。大楽源太郎事件は久留米藩難事件に関係していることがこれで判明した。しかし、久留米城址を訪ねたからといっても事件全体について容易には理解が進まない。

尚、有馬家第十六代当主の有馬頼義《ありまよりちか》は直木賞作家である。代表作の『貴三郎一代』は映画「兵隊やくざ」（田村高広、勝新太郎主演）として人気を博した。成蹊大学野球部の監督を務めるなど、異色の作家としても知られる。

小河真文について

久留米城址にある小河真文、水野正名などの碑文については『久留米碑誌』という文献に載っていた。小河は久留米藩難事件関係者の中でも、斬首（死刑）という最も重い刑を受けた人だ。それだけに、事件の核心に迫る記述が碑文にあるのではと思った。その碑文から小河の概略を記してみる。

尚、碑文は漢文であり、読み下しが難しいので、意訳全文は後述し、原文は資料として巻末に記した。

【略記】（筆者が簡略にまとめた）

嘉永元年（一八四八）～明治四年（一八七一）十二月三日

旧久留米藩士の小河新吾の長男、真文、吉右衛門とも、十六歳の時に父が亡くなったため、家禄三百石の家督を相続。古典を好み、勤皇の志士として知られる。

維新後、参政の不破《ふわ》美作《みまさか》を仲間と襲撃し、佐幕派（幕府支持）の久留米藩の藩論を勤皇に一変させる。久留米藩の政権を確立させたことから人望を慕い、小河を訪れる客が各地から集まった。なかには、長州奇兵隊を脱退した者、大楽源太郎なども久留米に逃れて保護を求めた。このことが新政府の嫌疑となり、旧藩主の有馬《ありま》頼咸《よりしげ》をも巻き込む大事件となった。

この時、小河は全責任を一身に引き受けて旧藩主以下、久留米藩存亡の危機を救った。「君辱しめられ、国危うくして生命を投げ出す」行為といわれる。処刑は明治四年（一八七一）十二月三日、年齢は二十五歳。
小河の墓は東京の当光寺にあったが、知友や門弟たちが相談の上、大正三年（一九一四）四月、久留米市梅林寺に改葬。別に篠山城址（久留米城）に碑を建てて、小河の忠義を顕彰した。
（『久留米碑誌』から）

まだ、碑が立てられた当時の人々であれば、関係者も存命していたことから碑文を読めば内容は理解できたのだろう。しかし、現代においては、この碑文、案内板からしても、事件の全貌は分からない。久留米藩難事件とは明治新政府の中枢を占めた薩摩藩、長州藩にとって憚られる事件だったのだろうか。

久留米藩難事件の記録を調べる

久留米藩難事件については『福岡県の幕末維新』（アクロス福岡文化誌編纂委員会編）に「明治四年藩難事件」として記述があった。概略を引用してみる。

明治三（一八七〇）年の初め頃、応変隊と元七生隊の有志が古松簡二、小河真文を盟主として、尊攘的な反政府の動きを開始している。一月、長州藩で諸隊の解隊反対の蜂起があり鎮圧されると、四~五月に古松は、長州藩反乱分子である大楽源太郎らの、横溝村庄屋平彦助のもとでの領内潜伏を援助した。十月には大楽が庄島村（現筑後市）庄屋である寺崎三矢吉宅で小河に「山口藩恢復」援助を依頼するなど、反政府的な動向を強めている。

（中略）

全国的な反政府事件であったため二府三十九県、二六〇名以上に処分が下され、この事件鎮圧を経て七月に廃藩置県が断行された。ここでも久留米藩の多くの有為な人物が失われた。

全国的な反政府事件でありながら、この久留米藩難事件は日本史年表に記載されてはいない。当然、明治九年（一八七六）の神風連の変、秋月の変、萩の変、そして、明治十年（一八七七）の西南戦争のように個別の記録もない。

次に、『久留米市史』の「藩難事件」を引用してみる。

東京奠都《てんと》、外国貿易、郡県制に極力反対する明治尊攘党の封建、攘夷論が藩論の基調となっていた。尊攘派過激グループの手中にあって、水野正名は傍観の体であった。そこに、大楽源太郎らが潜入し、盟約者として在郷医師、庄屋役人層の支持を得ながら、人的結びつきを強めた。思想的背景、大楽らの久留米潜入という特殊な契機によって引き起こされた。この事件が、九州における士族反乱の前駆的な役割を演じたことも見落としてはならない。

久留米市史に記述されている概略だが、士族反乱の前駆的な事件であれば、やはり、日本史年表に記載があってしかるべきだ。更に、士族反乱の前駆といいながら、在郷の医師、庄屋役人が関係しているという。そうであるならば、封建、攘夷論、士族反乱とは異なる草莽たちの事件として扱わなければならない。

更に、『柳川市史』の該当する箇所を引用してみる。久留米藩の隣藩であった柳河（川）藩（福岡県柳川市）では、久留米藩難事件をどのように見ていたのか興味があったからだ。

横井小楠の影響下にある洋癖家への嫌悪がある。その代表が古賀十郎であり、天皇の在り方に関し、日本が外国に支配されるのではないかとの懸念が広がり、尊皇攘夷運動の気分が再燃し、実学派に対し、尊王攘夷派が先鋭化した。そこに久留米藩難、二卿事件が起き、柳河藩が朝廷の嫌疑を受けている。廃藩置県では城を自焼した。

藩の境を接する柳河藩は間接的に久留米藩難事件の影響を受けたという。幕末の柳河藩は熊本藩の横井小楠の実学の影響下にあったが、その横井に反発する人物として柳河藩に古賀十郎という人物がいたことが分かる。この人物は久留米藩尊皇攘夷党に近い存在だったようだ。

続いて、『筑後市史』の「久留米藩難事件」を引用してみる。旧久留米藩領であり、筑後市（福岡県）は旧庄屋層が関係した地域だ。

東京奠都、外国貿易、郡県制に反対する明治尊攘党の封建、攘夷論が藩論の基調となっていたと『久留米市史』と同じ記述だが、早くから木《き》戸《ど》孝允《たかよし》に睨まれていたと付されている。

更に、「古松簡二《ふるまつかんじ》」「横枕覚助《よこまくらかくすけ》」「中村彦次《なかむらひこじ》」という医師、庄屋層の人々の項目を設けて久留米藩難事件との関係性を述べている。しかし、新政府に反抗すればこうなるぞとの「みせしめ」であり、長州藩脱徒探索に名を借りた「久留米藩つぶし」の感があると記述されている。同じ旧久留米藩領でありながら、藩難事件に対し『久留米市史』とは印象が異なる。

他にも、『小郡市史』においては、久留米藩佐幕開明派の経済政策に加え、明治新政府の無理な金融政策、経済政策が領民の貧窮に繋がり、領民や庄屋たちの反発があったとも出ていた。

久留米藩難事件に関しての資料、自治体市史を読んで思ったのは、統一の見解が無く、歴史認識に対しての偏りがあることだった。これでは、日本史年表に記載されるはずもなく、公にも周知されるはずが無い。従来の維新史では下級武士の活躍に注目が集まるが、久留米藩難事件においては草莽《そうもう》とも呼ぶべき医師や農民代表の庄屋までもが関係している。特に、『筑後市史』に出ていた「長州藩脱徒探索に名を借りた久留米藩つぶし」という記述が気になる。この「久留米藩つぶし」という言葉の裏に、何が隠れているのだろうか。

戊辰戦争において、東北諸藩は官軍という名の新政府軍に討伐された。ところが、九州の諸藩においても、早い時期に官軍こと新政府軍によって討伐された事実があったのではないか。尊皇攘夷思想による反政府行動という名目だけでは解明に至らない、新政府への不満が久留米藩難事件に隠れているのではないか。久留米藩難事件と同じ反発が日本全国にもあったのではないか。次々と疑問が湧いてくる。

既存の久留米藩難事件を述べる碑文や文章からは、問題の核心にたどり着くことはできなかった。なぜ、長州藩の大楽源太郎が久留米にやって来たのか。なぜ、医師や庄屋層が事件に関与するのか。なぜ、経済政策にまで記述が及ぶのか。

碑文に刻まれた文章、自治体史に記述される文章などを読み解き、事実を列挙することで、近代に及ぼした負の遺産、「ねじれ」である久留米藩難事件を探ってみたい。

第一章

幕末期・久留米藩の特殊性

――金鉱山と洋船を保有していた

幕末維新史では、「西南雄藩」が徳川幕府を倒したといわれる。従前、この西南雄藩とは、越前藩、水戸藩、尾張藩、因州藩、宇和島藩、薩摩藩、長州藩、土佐藩、肥前藩のことを指す。しかし、一般には「薩長土肥」としての薩摩藩、長州藩、土佐藩、肥前藩を指す場合が多い。この西南雄藩こと「薩長土肥」と徳川幕府との対立が、鳥羽伏見の戦いを誘発し、戊辰戦争へとつながり、最終的に西南雄藩が中心となって明治新政府を樹立したと認識される。

では、九州の久留米藩の立ち位置はどうであったのか。「西南雄藩」の集団に属していたのか、はたまた徳川幕府側の藩だったのか。まず、久留米藩の概略を知っておきたい。

久留米藩の成り立ち

久留米藩は筑後の国、現在の福岡県南部地域に位置していた。九州一の大河といわれる筑後川が藩領を貫いているのが特徴だ。藩の境として、北には筑前福岡藩、南には筑後柳河（川）藩、北東には福岡藩の支藩である秋月藩があり、筑後川を隔てた西には肥前佐賀藩がある。いわば、

筑後川を天然の堀として利用した久留米城

周囲を他藩に取り囲まれているかたちだ。

久留米藩としての成立は、元和七年（一六二一）、有馬豊氏《ありまとようじ》の入封（領地に入ること）によって始まる。豊氏は丹波福知山（現在の京都府）八万石の大名だったが、いわゆる「国替え」によって一挙に二十一万石の領主となった。これは、筑後一国三十二万石の領主であった田中家が後継ぎに恵まれず廃絶となったからだ。田中家は幕府禁制のキリシタンであったからとの説もある。

筑後一国三十二万石のうち有馬家が獲得したのは二十一万石であり、残り十一万石は立花家が柳河藩主として返り咲いた。立花家はもともと筑後一国三十二万石余の領主だったが、慶長五年（一六〇〇）の関ケ原の戦いで西軍（豊臣方）についたことから領地を没収され、その後を田中家が統治していた。しか

久留米城跡から九州一の大河・筑後川を見下ろす

し、その田中家が廃絶。そこで、減少したとはいえ、立花家が旧領に奇跡の返り咲きを果たしたのだ。関ケ原の戦いで西軍につきながら、旧領地に返り咲いたのは立花家だけである。これには、「狸オヤジ」の異名を持つ徳川家康の深い策略があった。減ったとはいえ旧領地に復帰できたことで徳川家に忠誠を尽くす立花家。八万石から二十一万石に領地を増やしてもらったことで徳川家に恩顧を抱く有馬家。しかし、これには、筑後一国を有馬家と立花家とに分断統治させ、相互監視させるという目論見が潜んでいる。昔も今も、権力者の考える統治の策に抜かりはない。

幕藩体制下の九州の事情

幕藩体制下の江戸時代、日本全国に大小さまざま三百近い藩があった。わずか一万石の藩もあれば、百万石余の藩もあった。この藩の規模を示す石高だが、米の生産量を基準に決めていた。一石は約百五十キロ（約百八十リットル）の米に換算されることから、米が貨幣と同じ役割を果たしていたことになる。このことから、藩の格付け、国力、経済力を表す指数として石高が用いられた。

寛永九年（一六三二）、肥後熊本の領主であった加藤家が改易（廃絶）となり、豊前小倉（北九州市域）の領主であった細川家が肥後熊本に国替えとなった。約四十万石の豊前小倉から五十四万石の領主になった細川家は大出世である。また一つ、徳川家に忠誠を尽くす藩が完成した。これは、南北朝時代、北朝を支持した細川家に、南朝方の動きを封じる意図があったのかもしれない。更に、豊前小倉は九州全域への交通の要衝であることから、徳川家は気脈を通じた小笠原家を配置した。小倉藩は九州各藩を監視する九州探題を任じていたが、幕府は小倉藩に対し密貿易取締りの特別予算を付与したことからも相互の信頼関係が見て取れる。

そして、九州の中心地である豊後の日田（大分県）、外国交易の長崎、肥後天草の富岡、豊前宇佐四日市（大分県）を徳川幕府の天領（直轄地）とした。要所、要所に天領を配置することで、徳川幕府は更なる監視体制と経済力とで統制力を強化した。豊後の日田は米の集積地であると同時に、鯛生金山《たいおきんざん》という金鉱山を抱えていた。長崎はオランダ、清国（中国）との交易地であり幕府管理だった。肥後天草は有明海から外海へと出て密貿易を行う諸藩の動きを監視するのに適した地だった。加えて、陶磁器の原料となる天草陶石の鉱山がある。陶磁器が貴重な輸出品であり、諸藩への移出品であった時代、この鉱山は有力な資金を生み出す源だった。豊前宇佐の四日市は、米の生産だけではなく、瀬戸内海に面した諸藩の動きを監視することができる場所だった。

徳川幕府は、水も漏らさぬ二重、三重の監視体制を構築していたが、この厳重な監視体制があったからこそ、二百五十年に渡っての幕藩体制を維持できたといえる。九州の諸藩は、この幕府による厳重な監視体制の下、改易（お家断絶）とならないよう藩内の取締りに注力し、隠密（幕府の密偵）の潜入を警戒していた。

そんな中、久留米藩は筑後川の水利を生かして天領日田に集まった米の回漕業務を幕府から請け、慶応三年（一八六七）からは、天領の豊前四日市の陣屋管理も任されていた。いわば、久留米藩は幕府に近い藩と見られていた。

「両肥両筑」による徳川慶喜支援

厳重な監視体制を構築した徳川幕府といえども、数世紀にわたって泰平の世が続くと幕藩体制にも緩みが生じる。本来、有事に対応する際の最高責任者が征夷大将軍だが、嘉永六年（一八五三）のペリー来航を機に、幕府が有事に機能しないことが知れ渡った。ここから、頼むに足らない幕府に代わり天皇親政の王政に戻そうとの動きが活発化。尊皇派と言われる人々が倒幕運動を推進した。

慶応四年（一八六八）一月三日、京都郊外の鳥羽伏見で幕府軍と新政府軍（薩摩藩を主体とする軍）とが衝突した。今に伝わる「鳥羽伏見の戦い」である。この時、九州の諸藩も軍勢を鳥羽伏見に送る準備に入っていた。しかし、それは西南雄藩の一角を占める薩摩藩への加勢ではなく、徳川慶喜の幕府軍に対しての支援であった。その策略を画策したのは、肥前佐賀藩主の鍋島閑叟《なべしまかんそう》であり、筑前福岡藩、筑後久留米藩、肥後熊本藩との連合を組んでのことだった。この四藩連合のことを「両肥両筑」と呼ぶが、幕末維新史での西南雄藩として数えられる肥前佐賀藩が、幕末における その進退においては徳川家を支持する立場だった。これは、盤石の幕藩体制が容易に崩壊するはずはないとの確信に加え、佐賀藩、福岡藩、久留米藩などが徳川家との姻戚関係にあったことも大きい。当時の久留米藩主の有馬頼咸《ありまよりしげ》も鍋島閑叟と同じく、正室は徳川家から迎えている。

更に、この「両肥両筑」の藩政の中枢は佐幕派が占めていた。佐幕派とは、幕府を補佐して幕藩体制を維持するという考えの派である。久留米藩も佐幕派と呼ばれる一派が藩政の主導権を握っており、藩主といえども藩政の有力者の意見に従うのが常だった。

反して、尊皇派（勤皇派）と呼ばれる一派は、天皇を中心に政治を行い、徳川将軍家は諸藩の代表として朝廷（天皇）に仕えるべきと主張する派である。この佐幕派、尊皇派は思想的に水と油であり、互いに反発することはあっても、交じり合うことは難しい。鍋島閑叟が尊皇か佐幕かで判断に躊躇したのは有名な話だが、鍋島閑叟ならずとも、いずれの藩主も家臣団の意見に左右されるというあり様は似たり寄ったりだった。

「鎖国」時代の久留米藩

寛永十八年（一六四一）、オランダ人を長崎出島に移すことで「鎖国の完成」と歴史年表には記される。これにより、江戸時代は水の一滴も漏らさぬ「鎖国」状態にあったと認識される。けれども、朝鮮との交易は対馬藩（長崎県）、オランダと清国（中国）との交易は幕府直轄地の長崎、蝦夷地との交易は松前藩、琉球との交易は薩摩藩が担当していた。更に、久留米藩の南に位置する柳河（川）藩は、朝鮮との交易が黙認されていた。これは、豊臣政権以前から、立花家が朝鮮との交易を行い、朝鮮王室と姻戚関係にあったことが大きい。鎖国政策は諸外国との貿易による経済収支を均衡に保ち、キリスト教による宗教侵略を阻止するためだが、実際、九州の各藩は密貿易に熱心だった。特に、薩摩藩は幕府公認で琉球（沖縄）を介しての交易を行っており、いわゆる「鎖国」という政策にも抜け穴があった。

その九州諸藩の経済活動を横目に、久留米藩は筑後川の洪水や台風被害に見舞われ、享保、宝暦、天保には大規模な農民一揆までもが起きた。とりわけ享保年間、領民が一万名余も餓死する凶作だっただけに、その一揆は支配者と被支配者との戦争と評してもよいほど激化した。それでいて、藩主は領民の窮状に目を向けることはなかった。歴代の藩主たちを見てみると、犬、相撲、焼き物、能楽にと趣味を優先させた。そのため、藩の役人は蝋や和紙を大坂（阪）で売り捌いて財政を支え続けた。中には、第十代藩主の有馬頼永《ありまよりとう》のように大倹約令を実行し経済の立て直しに注力する藩主もいたが、残念なことにこの藩主は短命に終わった。

尚、「鎖国」という言葉だが、志筑忠雄《しづきただお》というオランダ通詞がケンペルの『日本誌』を翻訳したことで享和元年（一八〇一）に誕生させた言葉だ。現代では寛永十八年（一六四一）にまで遡って使用されている。

開国後の久留米藩

嘉永六年（一八五三）のペリー来航を機に、徳川幕府は従来のオランダなどとの交易に加え、アメリカ、フランス、ロシアとも交易の窓口を広げた。この時、諸外国と通商条約を結ぶが、これは総代理店としての幕府、幕府傘下の代理店としての各藩も諸外国との交易が可能となったことを意味する。そこで、久留米藩でも交易による財政立て直しを進めた。

この久留米藩の交易による財政立て直しの前面に立ったのが、今井栄《いまいさかえ》だ。開成方、開物方、成産方という三局（部署）を設け、殖産興業により藩の経済を強化しようというものだ。今井は、慶応二年（一八六六）に洋船（蒸気船）購入の命を受け、上海にまで密航した。やがて、その洋船の数は次々と増え、当時の船は大砲を積んでいることから久留米海軍とも呼ばれる艦隊を持つにいたった。この洋船は日本国内での物流、交易に使用された。

しかし、先述の「鎖国」にも示されるように、従来、日本という国は国内需要を中心に物品を生産してきた。その内需の均衡が崩れた日本において輸出産品を準備するということは、国内需要に大きく不足を生じさせることになる。このことで大幅な物価上昇を招き、底辺にうごめく領民の生活は俄かにひっ迫、窮乏となった。さらに、内需を置き去りにして輸出を優先したことから、農民層をまとめる庄屋たちからの反発は大きかった。今井栄は久留米藩における近代化を推進した人物として評価される。反して、庄屋や領民からは批判の対象だった。この近代化推進政策と、内需の問題は久留米藩だけに限ったものではないが、この藩政における意識の乖離も久留米藩難事件が起きた原因となっている。

尚、筑後川という九州一の大河を抱えてはいるが、外海と接していない久留米藩に海軍と呼べる艦隊があったことは意外に思える。しかし、欧米の著名な港は大河を遡った場所に設けられている。久留米藩では筑後川の若津港（福岡県大川市）から物品の積み込みを行っていたが、この若津港は、明治期においては商品相場が立つほどの物産取引で賑わった港だった。農村の疲弊に反して物流拠点として景気の良い地域だった。いわば、久留米藩領においては近代化推進の陰で産業構造による経済格差が生じていたのだった。

尊皇攘夷と久留米藩

幕末史において尊皇攘夷という言葉は、当たり前のように使われる。その直接的な意味は「王室を尊び夷を打ち払う」だが、ここでいう王室とは皇室の事であり、夷とは外国人のことを指す。ただ、一般的には、狂信的な天皇信者が、理由のいかんを問わず外国人とみれば斬り捨てるという印象を受ける。

しかし、尊皇という言葉には皇室を中心にいただき、日本という国を統合する思想である。攘夷というのは、諸外国との交易において制限を設け、諸外国に暴利をむさぼらせるのを阻止する考えだ。徳川幕府が諸外国と締結した和親条約、通商条約は別名不平等条約と呼ばれ、日本にとって損失が大きい内容だった。この国と国との不平等な交際に疑問も抱かず、戦わずして西洋人の武力の前にひれ伏すことは潔くない。そう主張するのが尊皇攘夷派の考えだ。

久留米藩における尊皇攘夷派の急先鋒としては真木《まき》和泉守《いずみのかみ》が挙げられる。西洋のものは一切受け付けない頑迷な人と思われるが、久留米藩に蘭方医学をもたらすことを推進したのは真木だった。肥前佐賀藩のアームストロング砲製造、艦船の造船などで重用された久留米出身の田中《たなか》久重《ひさしげ》を登用すべきと推薦したのも真木が最初である。武士階級

真木和泉守と同志たちを祭神とする真木神社と復元された山梔窩（さんしか、くちなしのや）、水天宮境内にある

毛利侯拝領の陣羽織姿の真木和泉守の銅像、水天宮境内に立つ

は有事に対処するために存在している。しかしながら、平時においても石高という株式配当に近い給与を保証されながら、有事に機能しないのであれば、庶民から富を略奪するだけの強盗集団でしかない。それであれば、昔の階級差別の無い天皇親政に戻さなければならない。「ご一新《いっしん》」こと維新には、階級闘争が含まれている。

嘉永五年（一八五二）、久留米藩で起きた「嘉永の大獄」という尊皇攘夷派弾圧事件も、その背後には権力闘争と並んで階級闘争が潜んでいたことを見逃すべきではない。

封建制度と久留米藩

封建制度といえば、身分制度に直結する。江戸時代、武士は農民や町民を支配下に置いていた。武士は藩から毎年、定額の石高と呼ばれる米の支給を受ける。その米も、武士の階級によって支給量が異なる。武士の家柄や階級を示す言葉に「三百石取り」などという言葉がある。これは、毎年、藩から定額で三百石相当の配当（給与）が未来永劫保証される意味となる。しかし、幕末、商品経済の発達により石高だけでは生活に窮する武士が出て来た。そこで、商人などが窮乏する「武士の株」を買う。いわば、藩から支給される配当の権利を金銭で譲り受けるものだ。厳格といわれた封建的身分制度も、幕末の商品経済の前に、脆くも崩れ去っていたのだった。

そんな時代、商人層は金銭的に余裕があった。この商人たちは時間を見つけては国学を学んだ。その国学思想には国の頂点に天皇があり、支配者である武士階級はなく、人はすべて平等という考えだった。そこから、幕末、「草莽崛起《そうもうくっき》」というスローガンが誕生し、社会の底辺に蠢くものが国を支えるために立ち上がるという考えが強くなった。「草莽崛起」といえば、吉田松陰《よしだしょういん》を想起する。松陰は野山獄にいる時、同囚の人々に『孟子』を説いていたが、その『孟子』には「野に在り草莽の臣と曰う」との言葉がある。国の危機にあっては、国の主君である天皇のために草莽（庶民）は立ち上がれというもの。反して、六百年来の封建武士階級は罪を償うべきだとも説いた。久留米藩においては、久留米藩難事件の中心人物の一人である古松簡二《ふるまつかんじ》が、封建的身分制度ではなく法治による統治をと説いた。これは、被抑圧からの解放でもあり、これが「ご一新《いっしん》」こと明治維新の原動力となった。

久留米藩難事件において、武士階級だけではなく、医者や庄屋階級が関係するのも、明治時代の自由民権思想に通じる考えが浸透していたからに他ならない。

廃藩置県と久留米藩

明治四年（一八七一）、廃藩置県により久留米藩は消滅した。廃藩置県となれば全てを中央政府が管理することになる。中央政府が派遣する知事を県に置くことで直接統治する中央集権体制国家が完成する。

この過程で生じたのが武士階級の処遇である。従来、働かずとも有事に機能すれば存在が認められ、先祖の功績に応じた石高をいただいてきた特権が失われたのである。中央政府から継続して給料が支払われるわけでもない。中央政府の役人になれなかった者は、農民になるか、商人になるかしか道は無い。大量の失業者を生み出すことになる。当然、その不満は中央政府に向けられる。

更に、地域経済の為の藩札（藩が独自に発行した貨幣）は意味を無くしてしまった。この藩札の廃止と回収に、新政府は全国に通用する貨幣を新たに設定しなければならなかった。この制度の導入過程において生じた事件が贋金の鋳造であり、新政府発行の紙幣の偽造（贋札）事件である。徳川幕府が崩壊する前、諸藩は一朱銀、二分金などという貨幣を偽造して流通させていた。大坂（阪）の両替商も諸藩が持ち込む貨幣をランク分けするほど、偽造貨幣が乱立していたのだった。戊辰戦争などの戦費は参戦した藩が負担しなければならない。諸藩は倒幕資金として百文銭の贋金を大量に鋳造した。その後も、徳川幕府が管理していた貨幣を諸藩が鋳造したが、この贋金の流通は外国貿易での信用問題になった。

明治二年（一八六九）六月、新政府は官札を発行した。政府が発行する紙幣を石高一万石に対し、官札二千五百両を下付し、代わりに従来通用していた正金（現金、貨幣）を納めることを命じて来た。体の良い上納金だが、命令に従わなければ朝敵として討伐される。そこで、久留米藩では石高二十一万石に相当する正金五万五千両を調達するため、領内に命じて金や銀の貨幣と太政官札とを強制交換させた。信用保証あっての通貨だが、信用が低い新政府の官札（紙幣）だけに相当な混乱を生じたのが実情だった。

これは久留米藩だけのことではないが、そんな混乱に日本全国の諸藩は巻き込まれていた。そこで生じたのが福岡藩の贋札事件である。福岡藩は福岡城内に印刷所を設け、太政官札を偽造。その偽造した太政官札で北海道の産物を購入して大坂（大阪）で売り捌き、金、銀、銅の旧来の貨幣で受け取り、それを新政府に納付。後に福岡藩主導で贋札を偽造したことが発覚し、藩知事の黒田長知《くろだながとも》は廃藩置県前に罷免。国家の統一は貨幣の統一でもあるが、さりとて容易には進まず、江戸時代の貨幣は明治の中期まで通用していた。廃藩置県の裏面には経済の基礎となる通貨事情も潜んでおり、経済（経世済民）の不満が政府に向けられるのは自然の流れだった。

第二章

明治四年・久留米藩難事件

久留米藩難事件は旧藩主の有馬頼咸《ありまよりしげ》を始め、長州の大楽源太郎《だいらくげんたろう》など多くの人々が関係している。その一人一人を詳細に述べることも大事だが、事件の本質から外れる可能性も大きい。ここでは、事件の中心人物と記される小河真文《おごうまふみ》、水野正名《みずのまさな》、古松簡二《ふるまつかんじ》、大楽源太郎らの碑文を基に資料で肉付けをして述べることで事件の核心に迫ってみたい。

一　小河真文

小河真文の碑文から

「はじめに」で紹介した通り、小河真文《おごうまふみ》の顕彰碑は篠山城こと久留米城址にある。まず、その意訳文の全文を記す（巻末資料に原文を掲載）。

【意訳】（筆者が手を加えている箇所を含む）

小河先生は名を真文、通称を吉右衛門という。旧久留米藩士の小河新吾の長男として嘉永元年（一八四八）篠山町（当時は城内という）に生まれた。母は辻氏である。十六歳の時に父が亡くなったため、家督を相続した。家禄は三百石であった。小河先生は生まれつき英邁な性質で、読書においては章句に拘らず、ただ古人の優れた節操や行動などを知る事に興味を持ち、早くから勤皇の志をもっておられた。

明治維新も近い頃、政治上の論議が対立し混乱を極め、ある者は勤皇（朝廷に従う）を、ある者は佐幕（幕府を補佐する）を唱えた。各藩とも進むべき方向に迷い、中には事の順逆を誤るものも多かった。わが久留米藩では真木和泉守が勤皇の大義を説き、後輩や子弟がその影響を受け、立ち上がる者も少なくなかった。しかし、当時の久留米藩の執政者たちは頑迷で、権力によってこれら勤皇の動きを抑え込み、時には異論（勤皇論）を持つ者をすべて囚禁（投獄）することもあった。

徳川幕府の崩壊の兆候はすでにこの頃からあったが、もし、一度でも久留米藩が勤皇か佐幕かの方針を誤れば、禍根を後世に遺す事態にあった。小河先生はこれを憤慨してやるせなく、ついに自分たちの力で禍根を断つことを決心し、密かに同志と相談。結果、久留米藩の実質的指導者を倒すことに決め、参政の不破《ふわ》美作《みまさか》を下城途中で襲撃して斃したのである。

この挙をきっかけに久留米藩の藩論はようやく（勤皇に）一定し、小河先生は後に藩政の枢要

久留米城入口、冠木御門跡

な地位にえらばれた。旧来の制度を改革し、悪弊を一掃し、ここに新政権の確立がなされたのである。やがて、その人望と名声は四方に聞こえ、小河先生を訪れる客が各地から集まってきた。

　ところでここに辛《しん》未《び》之《の》難《なん》（久留米藩難事件、明四年事件、または大楽事件とも）という事件が起きた。長州の奇兵隊を脱退した大楽源太郎などの一団が、久留米藩に逃れてきて、保護を求めたのである。藩士の中に彼等を庇護している者がおり、これが朝廷に知れ、久留米藩はその忌諱（捜査の疑い）に触れることになった。このため小河先生は、執政の水野正名や沢四兵衛（小参事）とともに弾正台（検察）の喚問を受け、東京に送られた。この時の訊問はとても厳しいものであったといわれる。

これより前、久留米藩の大楽隠匿に関して、問罪使が派遣され、日田（大分県日田市）を本拠として久留米に軍隊を進めていた。同じころ、藩主の有馬頼咸も東京の弾正台で取り調べを受けていた。このような事態に久留米藩は大混乱に陥った。久留米藩の存続も予測できない危機的な状況にあった。

当時、久留米藩には有志の士は少なくなかったが、紛糾した世情の中で疑懼《ぎぐ》心を抱き、皆、為すところを知らず、傍観する様であった。ひとり、小河先生は身を挺し、進んでこの困難な事態解決にあたり、全責任を一身に引き受けて藩主（有馬頼咸）の冤をも晴らしたのだった。このように一藩（久留米藩）を危急存亡の中から救うというのは、「君辱しめられ、国危うくして生命を投げ出す」という行為であろう。小河先生が処刑を受けられたのは明治四年（一八七一）十二月三日、実に年齢は二十五歳の時だった。

小河先生は度量広く、寛容の心があり、身に大人の風をそなえられていた。しかも、いったん有事においては毅然として犯しがたい厳しさを持っておられた。また、小河先生の忠孝心と正しい節操とは、まったく、その本性に根ざしていた。人に対しては常に真心をもって接しておられたので、同志はみな畏敬の目で小河先生に従い、厳格な師として仰いでいた。聞くところによれば、小河先生は処刑直前、不動の顔色をもって壮烈な弁論をされ、このため司法官は非常に感動し、この優れた名士を殺すことを心から惜しみ、涙を呑んで判決を下したという。

まことに、小河先生の殉国の節操と久留米藩の難を救済した功績は輝かしいものであり、永遠に消滅させるべきものではない。小河先生の墓は東京の当光寺にあり、墓碑銘は池田八策と刻まれている。思うに、他人の目を欺くための変名だろう。久しく墓参する者も絶え、草むらに埋もれ荒れ果てていた。このたび、知友が相談し、大正三年（一九一四）四月、久留米市梅林寺に遺骸を改葬し、別に篠山城址に碑を建てて、小河先生の忠義を顕彰することになった。以上、事蹟についてあらましを叙べたのもこのためである。

大庭陸太　撰書

以上が、意訳した内容だが、当時の人々には碑文に刻まれた事々は理解できても、現代においては補足説明が無ければ難しい。小河が関係した事々、幕末から維新期にかけての久留米藩の状況を次に述べていきたい。

嘉永の大獄

徳川幕府の時代、日本全国の藩において内訌（内紛）は起きている。その多くは藩主の後継問題からだった。久留米藩においても藩主の後継争いによる内訌が起きたが、特異なのは、ここに思想の問題も関わっていたことだ。名君と呼ばれた第十代藩主有馬頼永《ありまよりとう》が持病の悪化により病没。弘化三年（一八四六）十月、頼永の弟である有馬頼咸《ありまよりしげ》が第十一代藩主の座に就いた。このことで、思想の対立が事件となった。

この頃の久留米藩の藩政の実権は佐幕派の有馬監物《ありまけんもつ》（河内）と佐幕開明派（「天保学連」内同志とも）の今井栄《いまいさかえ》らが握っていた。有馬頼咸が藩主の座に座ると、真木和泉守《まきいずみのかみ》は藩政改革の意見書を提出し、真木党（「天保学連」外同志とも）と呼ばれる尊皇攘夷派の藩政中枢への登用を促した。更に、真木党に属する家老脇である稲次因幡《いなつぐいなば》（正訓）が頼咸に二度にわたって意見を述べた。有馬監物、有馬豊前、不破孫一《ふわまごいち》（不破美作の兄）、尾関権太、村上常次郎の代わりに水野正名（丹後）、馬淵貢、白江市次郎、西原湊、木村三郎らを藩政中枢に採用するようにとの内容だった。この時、有馬監物（河内）らが、有馬頼咸を廃して、弟の富之丞《とみのじょう》を藩主にと画策していると稲次因幡が告げた。このことから、頼咸は激怒し、有馬監物、有馬豊前、不破孫一らを謹慎処分とした。

頼咸は国老の有馬飛騨（元藩主・有馬頼徳の血族）を検問長（裁判官）として、この稲次因幡の告発による有馬監物らの陰謀について審議するように命じた。この審議は一か月半にも及んだが、結果、この家老脇・稲次因幡（正訓）の話は誣告《ぶこく》（謀略）であるとして、逆に真木党（「天保学連」外同志）の同志たちは処分を受けた。この結審が嘉永五年（一八五二）五月十七日であったことから、「嘉永の大獄（裁判）」と呼ばれる。

この「嘉永の大獄」での真木党の主たる者の処分内容は左記の通りとなる。

・永御預け　稲次因幡（正訓）、水野正名（丹後）
・嫡子差返謹　吉田丹波

・揚屋入　木村三郎、小森田甚三郎
・神職召放蟄居　真木和泉守
・小姓差放遠慮慎　明石格弥、鵜飼広登、久徳与十郎
・役儀召放重遠慮　白江市次郎
・遠慮　吉村多聞、鵜飼斉
・役儀差放　山鹿治太夫、野村百右衛門
・屹度心実可相改　有馬主膳（機密漏洩）

これらの中でも、稲次因幡（正訓）、水野正名（丹後）は今でいえば終身禁固刑に該当する。稲次因幡は悲憤慷慨、嘉永六年（一八五三）十二月二十日、潔白の為、自死したと伝わる。同志を道連れにしてしまったということに加え、「自分は武士である」という強い自尊心があったとしても、終身禁固刑となれば容易には牢居に耐えられるものではない。死ぬまで、座敷牢から一歩も出ることは許されないとなれば、悲憤のあまり、狂死してもおかしくはない。

＊昭和十年（一九三五）、靖國神社発行の「靖國神社忠魂誌」において、稲次因幡は有馬右近の邸に幽閉され、嘉永六年十二月三日に自刃したと記されている。靖國神社では嘉永六年以降、国事に殉じた人を合祀しているが、稲次因幡はそのもっとも古い合祀者である。

水田天満宮拝殿、水田天満宮は真木和泉守の実弟である大鳥居理兵衛が宮司を務めた

木村三郎、小森田甚三郎は武士階級の牢屋である「揚屋入《あがりやいり》」となったが、その待遇は庶民が放り込まれる牢屋と大差があるわけではない。「遠慮」の吉村多聞、鵜飼《うかい》斉《ひとし》だが、これは日中の外出を控えるというもの。しかし、封建制度の江戸時代、本人のみならずその一族も、なかなか窮屈な対応を強いられた。

この中で異色なのは、「神職《しんしょく》召放《めしはなし》蟄居《ちっきょ》」の真木和泉守である。これは神職である水天宮宮司の役職を取り上げ、真木の実弟（大鳥居理兵衛）が宮司を務める水田天満宮（福岡県筑後市水田）での蟄居（外出禁止）謹慎というものだ。稲次因幡や水野正名のように座敷牢に入るわけではないが、四六時中、親族である大鳥居理兵衛の監視下におかれ、蟄居先である水田天満宮からの外出は許されない。仮に脱走したとすれば連座制として実弟にまで累（罪）が及ぶ厳しいものだった。

この「嘉永の大獄」は佐幕派（幕府支持派）、佐幕開明派（「天保学連」内同志とも）による真木党（「天保学連」外

真木和泉守が蟄居謹慎生活を送った山梔窩《さんしか》
（福岡県筑後市・水田天満宮）

同志とも）への弾圧事件だが、後年、政権を奪取した水野正名は佐幕派、佐幕開明派への壮絶な報復を繰り広げた。水野からすれば、「嘉永の大獄」は、自身に加え、稲次因幡（三弟）、吉田丹波（次弟）という二人の実弟を厳罰に処し、水野一族をことごとく根絶やしにする厳しい処分と受け止めたからだ。

後年、不破美作襲撃事件（後述）が起きるのも、四日市陣屋襲撃事件（後述）での陣屋責任者を切腹に追い込むのも、この「嘉永の大獄」による弾圧への報復である。

ただ、碑文の主である小河真文は嘉永元年（一八四八）の生まれであり、この「嘉永の大獄」が起きた頃は幼児に等しい年齢だ。十六歳で家督を相続していることから、実父の小河新吾から「嘉永の大獄」の不条理な顛末について聞き及んでいたのだろう。ただ、久留米藩難事件を語るにあたり、この「嘉永の大獄」による対立が根本にあった事は否定できない。

不破美作暗殺事件

久留米城入口、左手の石垣の上に左から戊辰戦争従軍、小河真文、水野正名の碑が並ぶ（丸囲み）

慶応三年（一八六七）十二月九日、「王政復古」の大号令となった。ここに、徳川幕府による二百五十年余の治世は終わりを告げ、代わって朝廷による親政（天皇が自身で国の政治を執る）が始まった。この王政復古により、この年の十二月十五日、大赦令が朝廷から各藩に通知された。この大赦令は佐幕派（幕府支持派）によって弾圧を受け、牢獄につながれていた勤皇派（朝廷支持派）の人々を解放する命令である。久留米藩でも、慶応四年（一八六八）正月、一部を除く勤皇派の人々を牢獄から解放した。

続く正月七日、徳川第十五代将軍であった徳川慶喜に朝敵（朝廷に反旗を翻す敵）として追討令が発せられた。これは「鳥羽伏見の戦い」において幕府軍が官軍（政府軍）に攻撃をしかけた末、早々に徳川慶喜が江戸へと敗走したからだった。

この徳川慶喜追討令後の一月二十六日、久留米藩参政（藩主の補佐役）で佐幕派の不破《ふわ》美作《みまさか》（嘉永の大獄で勤皇派と対立した不破孫一の弟）が、小《お》河《ごう》真《ま》文《ふみ》以下二十四名の勤皇派志士によって殺害された。不破に致命傷を負わせたのは佐々《さっさ》金平《きんぺい》と言われるが、佐々は自らも傷を負いながら、不破の肩に打ち込み、右腕を斬り落とした。不破が剣の名手であったことを除いても、わずか一名に多数で襲撃するというのは異常だ。長い年月、勤皇派は佐幕派から厳しい弾圧を受けていたが、その恨みがどれほど根深いものであったかがこの事件からも窺える。

次に、不破美作を襲撃した勤皇派二十四名の名前を記しておきたい。後の、久留米藩難事件に重複する人々が含まれるからだ。（◎が後の久留米藩難事件に関係した人物）

◎小河真文（吉右衛門）　変名・池田八策
・佐々金平（真武）　応変隊編成を建言、不破美作への斬奸状を書いたと伝わる
　箱館戦争で戦死
◎川村作摩（正臣）　応変隊参謀、高良大社宮司
◎島田荘太郎（隆功）　アジア主義者・武田範之の叔父
・林田瀬兵衛（守隆）　応変隊小隊長、筑後隊小隊長
・菅谷要次郎（一起）
・菅谷岩人
・下坂剛之進（始）　福島県安積開拓事業者

・松下弥助
・山田房之亟（義臣）　戊辰戦争での軍監、参謀、篠山神社社司
・高橋悦次郎
・早川勘兵衛（重高）　不破美作への斬奸状を書いたとも、山川招魂社社司
・渡辺富門
◎吉田半之助（足穂）　戊辰戦争大隊斥候、郡長
・山田小平次
◎篠本廉蔵（久道）　応変隊中隊長、藩少監察
・川崎啓吉
・徳永勝蔵
・中村庫次郎（正勝）　応変隊隊長、大砲隊長
・加藤道太郎（御楯）　豊前宇佐四日市陣屋、郡奉行加藤喜市郎の長男
・吉村百助　箱館戦争での隊長、佐幕派の吉村武兵衛を大坂で介錯
・板垣太郎（延命）　玄洋社の頭山満と親しく、黒龍会員、征韓論者
・妹尾末（季）之進
・中村団平

この襲撃事件での首謀者である小河真文は、古松簡二（清水真卿、権藤真卿とも）とともに、後の「久留米藩難事件」の主犯格の一人だ。不破暗殺の目的は、久留米藩の藩論を佐幕から尊皇に一変させるという大義名分があった。当初、国老の有馬監物（河内）も襲撃予定であったが、国老であること、不破一人を倒すだけで藩論を変えることができるとして、有馬監物は襲撃対象から外された。その不破に対する斬奸状の要約は、「国是を立て直さねばならぬという時に、なお、両肥両筑と合して、もう一度、徳川慶喜公をすすめて、政権を握らせようという計画をなし、甚だしく、真木党（勤皇派）の憎むところとなった。」と述べる。ここでの両肥両筑とは、肥前佐賀藩、肥後熊本藩、筑前福岡藩、筑後久留米藩のことを指す。四藩連合で、再び、徳川幕府による治世を画策していたというものだった。なかでも、肥前佐賀藩の鍋島閑叟《なべしまかんそう》（直正、佐賀藩第十代藩主）は千住大之助《せんじゅだいのすけ》（第十代鍋島直正、第十一代鍋島直大に仕えた儒学者、藩の内外に多くの知己を持ち、藩主への情勢報告を常とした）を密使として久留米藩佐幕派に送り、再び、徳川政権樹立をと呼び掛けていたのである。この肥前佐賀藩の使者に応対したのが不破美作であり、このことが久留米藩勤皇党（勤皇派）の強い反感を招いた。

　徳川慶喜が「大政奉還」を宣言したにも関わらず、この両肥両筑連合で徳川慶喜に政権を握らせるという計画の背後には、幕臣の小栗上野介忠順《おぐりこうずけのすけただずみ》がいた。小栗はフランスからの借款で横須賀造船所を設けた開明的な人物として知られる。しかし、さらなるフランスからの借款によって幕府体制を強化し、反幕府勢力の薩摩藩など雄藩を潰し、郡県制（幕府直接支配の政治体制）を敷くことを考えていた。しかし、西南雄藩の背後に控えるイギリスからの情報により、小栗の計画は薩摩藩に筒抜けだった。「鳥羽伏見の戦い」も幕府側から戦端を開くように仕向けた結果だが、小栗の秘策を粉砕するための情報戦の結果だった。不破美作を暗殺した佐々金平の叔父である岡野半兵衛は久留米藩の江戸藩邸において、薩摩藩の飛脚が京都から伝える情報を入手し、同時に、久留米藩領を南北に貫く薩摩街道（福岡藩、久留米藩を経て薩摩藩に至る街道）を経由して京都の情報が薩摩に伝わる前に、久留米藩の勤皇党にも伝わるように仕組んでいたという。

＊不破暗殺の斬奸状を書いたのは首謀者の小河真文の盟友である佐々金平とも早川勘兵衛とも伝わるが、いずれかは、不明。

不破美作暗殺の斬奸状

「久留米藩難事件」を語る上で、不破美作暗殺事件を見過ごすことはできない。不破暗殺時の斬奸状には十二の罪名が記してあり、原文の写しが川島澄之助の『久留米藩難記』にも記されているからだ。川島がわざわざ斬奸状を探し出して自著に記したのも、久留米藩難事件を理解するには不破美作暗殺事件は避けて通れないと考えていたからだろう。その斬奸状に記された十二の罪状を並べてみる。

一、尊皇攘夷の大義は幕府に勤めるべきところ、会賊（会津藩）に従ったこと。

二、幕府へ伺いも立てず、藩主を蔑ろにして、腥膻《せいだん》の醜夷《しゅうい》（肉食の生臭い異人）を城下に呼び寄せたこと。（慶応二年十一月十五日、有馬監物が英国士官マストンと市の上の有馬別邸で会見。市の上は、現在の福岡県久留米市合川町）

三、幕府の預かり地である四日市（大分県宇佐市）の領民に過酷な徴税を行い、反乱を招いたこと。（反乱とは、花山院隊《かさのいんたい》事件とも御許山《おもとやま》事件と呼ばれる偽官軍事件）

四、領民の膏血を絞り、贅沢をして貧困に至らしめたこと。（久留米藩は年貢徴税において過酷だった）

五、天下の騒乱の時にあって、節約が必要な時に、南薫《なんくん》（福岡県久留米市南薫町）に邸を設け、藩主に遊ぶことを奨めたこと。

六、外国の武力ばかりをあげつらい、戦う前から勝敗を比べていること。

七、国難の時に、財用《ざいよう》（租税の収入）、吝嗇《りんしょく》（物惜しみ、ケチ）、人心《じんしん》（領民の支持）を失っていること。

八、王政復古の事態に備えなければいけない時に、兵を集めることもなく茫然と見ているだけのこと。

九、薩長（薩摩藩、長州藩）は天朝（朝廷）に対し、忠誠を示しているのに、その素振りもないこと。

十、　藩政は広く意見を求めなければならないのに、佐幕派が専制（要職の独占）していること。

十一、王政復古となった限りは、主君（藩主）はいち早く上京（京都）しなければならないのに、それを佐幕派が止めていること。

十二、王政復古となった上においては、勤皇党を賞し、佐幕派を罰すること。

これらが、斬奸状に記されていた内容である。

不破美作を襲撃した二十四名は直ちに藩庁に自首した。通常であれば拘束して暗殺に関与した者たちを厳しく取り調べる。しかし、この不破美作暗殺事件は、藩主である有馬頼咸《ありまよりしげ》の裁定で全員無罪となり、三日後には解決した。これは、実に不思議な結果としかいえない。

そして、斬奸状の末尾には、諸隊を編成し、世の動きをよく見て、忠誠を表すために早く上京しなければならないと、結んでいる。ここでいうところの諸隊とは、久留米藩の応変隊（後述）などになる。これは、いわゆる、身分に関係のない士農商兵混在の部隊のことである。

この不破美作暗殺事件の影響を受けてか、慶応四年（一八六八）二月六日、池尻葛覃《いけじりかったん》が釈放された。勤皇派に対する「大赦令」が出され、久留米藩の勤皇派が釈放されても、この池尻だけは牢獄につながれたままだった。勤皇派の重鎮であり、全国に尊皇の同志を糾合できる古松簡二《ふるまつかんじ》の叔父であることから、佐幕派とすれば両肥両筑の四藩連合での再起において勤皇派制圧の際の人質として拘束しておきたかったのかもしれない。

この池尻葛覃は、文久三年（一八六三）の「八月十八日の政変」（注）では、三條実美《さんじょうさねとみ》ら七卿とともに長州に落ち、その警護役を真木和泉守《まきいずみのかみ》と担っていた人物だ。久留米に帰藩後、有馬監物（佐幕派家老）によって幽囚の身となっていた。池尻が獄にある間、真木和泉守は「禁門の変」（注）で自決し、池尻の長男・池尻茂四郎は真木と行動を共にして自決。次男の池尻嶽五郎は古松簡二、水田謙次（貞恒）らとともに、藤田小四郎（藤田東湖の子息）、武田耕雲斎の水戸天狗党の決起に参戦。池尻嶽五郎と水田謙次は元治元年（一八六四）七月捕縛され、同年十一月三日に斬首となった。

池尻は、過剰ともいえる尊皇攘夷思想の持主だったが、明治十一年（一八七八）十一月十三日、七十七歳という生涯を閉じた。残念ながら、久留米藩難事件についての池尻の意見を記した文書は目にしていない。久留米藩難事件をどのように見ていたのか、興味のあるところだが、「愛国心を持って、外国の侮《あなどり》を忘れるな」が最期の言葉だった。

八月十八日の政変　長州藩の藩論が公武合体から尊皇攘夷へと転換。その長州藩の後ろ盾を得た尊皇攘夷派公卿の三條実美らが朝廷での主導権奪取に動き、失敗。文久三年（一八六三）八月十八日、三條実美を始めとする尊皇攘夷派が京の都を追われる。孝明天皇の意を受けた中川宮（青蓮院宮）の策謀ともいわれる。
禁門の変　元治元（一八六四）年、七月十九日、長州藩の名誉回復の為、長州藩兵と真木和泉守らが挙兵。蛤御門の変とも呼ばれる。この長州藩兵らと薩摩、会津の守備隊が武力衝突に発展。長州藩兵らは敗北する。長州藩の益田右衛門介、福原越後、国司信濃の三家老が切腹、宍戸佐馬介、竹内正兵衛、中村九郎、佐久間佐兵衛の四参謀は斬首として幕府に謝罪恭順を示す。

「応変隊」創設

佐幕派の不破美作を倒した小河真文たちだったが、その斬奸状にあった八、十二の項目にあった兵を集め、上京するという事は早速に始まった。

慶応三年（一八六七）十二月、太宰府天満宮（福岡県太宰府市）にいた尊皇攘夷派公卿の三條実美《さんじょうさねとみ》ら五卿は上京の途にあった。その随員として久留米藩勤皇党（真木党）の水野正名《みずのまさな》も五卿の随員として上京していった。その際、水野は久留米藩に残る小河真文に私設の軍隊（私兵）創設を命じていた。それが後に「応変隊」と呼ばれる部隊である。この応変隊は長州藩の高杉晋作が創設した奇兵隊をモデルにしている。奇兵隊は下級武士、農民、町民など、身分に関係のない者で編成されていたが、同じく、応変隊も身分に関係のない者で占められた。応変隊とは、「臨機応変」、「変に応じ事に処す」部隊という意味があり、即応集団としての機能を求められた。「臨機応変」とは兵法で著名な『孫子』が説いた言葉でもある。この応変隊は佐々金平が慶応四年（一八六八）五月、上申書を提出して創設されたと伝わる。いつの時代も、自身の意に添う軍事力を保持しなければ権力は維持できない。水野としては、久留米藩政を掌握することを前提に応変隊創設を考えていたと思える。

その「応変隊」だが、早くも明治元年十月には政府軍（官軍）の一翼を担う部隊として東京に向かい、その後、北海道箱館（函館）五稜郭に立てこもる榎本武揚《えのもとたけあき》らとの箱館戦争に従軍している。この時、応変隊創設を申請した佐々金平《さっさきんぺい》が戦死した。佐々は不破美作襲撃事件にも関係したが、小河真文とは無二の親友。小河は「文」で身を立て、佐々（真武）は「武」で身を立てると誓い合った仲だった。

この頃の久留米藩兵は英式（イギリス式）訓練を受けていたが、明治二年（一八六九）頃には、五大隊と応変隊とで編成されていた。その一大隊の編成は次の通りになる。

・兵隊　二六〇名
・大隊長及び付属兵　七〇名
・大砲四門　砲兵隊　三二名

一大隊三六二名で構成されていたことから五大隊で合計一八一〇名の兵員がいた。これに、応変隊員およそ一〇〇〇名が加わる部隊だった。応変隊の隊長は水野正名の末弟である水野正剛（又蔵）が就任していた。

しかしながら、この応変隊の評判は芳《かんば》しくない。気性の荒い若者ばかりだったことから、蛇《だ》蝎《かつ》の如く嫌われた。昼間から酒を飲むのは当たり前で、高良神社（応変隊屯所近くの五穀神社とも）の池の鯉を捕まえて食べたという話も遺っている。往来で応変隊員を見かけたら因縁を付けられるのを避けるため路地に隠れるのが得策とまでいわれた。その応変隊も明治三年（一八七〇）末には久留米藩の常備隊に編入される。長州藩奇兵隊（諸隊）のように、戊辰戦争終結後、褒賞も何もなく解隊（放逐）されることはなかった。これは、藩政改革においての久留米藩勤皇派の勢力温存策だったと思われる。

「箱館戦争」での久留米藩

箱館戦争とは、明治元年（一八六八）十月、旧幕臣の榎本武揚が箱館及び五稜郭を占領し、この地に反政府勢力として立て籠もったことから、政府軍（官軍）が討伐した戦争のことをいう。この政府軍の一角を占めたのが久留米藩兵だった。すでに、東征総督有栖川宮熾仁親王《ありすがわのみやたるひとしんのう》から久留米藩に関東派兵の要請が出ていたこともあり、五月十五日の上野の寛永寺に立てこもる彰義隊との戦いにも参戦している。

旧幕府軍の海軍副総裁榎本武揚は幕府の軍艦八隻を率いて品川を出港し松島湾に入る。いまだ抵抗を続ける東北諸藩とともに戦う算段だったが、米沢藩、仙台藩、そして会津藩が降伏恭順すると、蝦夷地（北海道）を目指した。この時、旧幕府の陸軍奉行大鳥圭介《おおとりけいすけ》、旧幕府の歩兵指図役古屋作久左衛門《ふるやさくざえもん》、幕臣の人見勝太郎、新撰組の土方歳三、彰義隊の残党、仙台藩の残党、桑名藩主の松平定敬《まつだいらさだあき》、備中松山城主・元老中の板倉勝静《いたくらかつきよ》、肥前唐津藩世子で元老中の小笠原長行《おがさわらながみち》らが榎本と行動を共にしている。

明治元年九月二十四日、新政府から久留米藩に更なる派兵要請があった。応変隊、山筒《やまづつ》隊五百人が久留米を出発した。この増援部隊は「筑後兵隊」と呼ばれるが、官軍（政府軍）としての部隊、指揮官は次の通りとなる。

総督　堀江但馬
応変隊第一小隊長　吉村百助
応変隊第二小隊長　林田瀬兵衛
応変隊第三小隊長　伊部元三郎
山筒隊　隊長　岡本重太郎
参謀兼軍監　佐々金平

この中で、応変隊創設を申請した佐々金平が参謀兼軍監として参戦している。この佐々は剣術、柔術、槍術、砲術を習得した久留米藩校明善堂の居寮生でもあった。明治二年（一八六九）四月十七日、松前城攻略戦で戦死したが、この佐々の遠祖は肥後熊本四十万石の領主であった佐々成政である。

この年の五月十八日、五稜郭は陥落した。和平交渉の末、榎本武揚が降伏を申し出たからだが、この和平交渉の陰に久留米藩出身の医師高松凌雲《たかまつりょううん》が赤十字精神を発揮したことが功を奏した。箱館戦争には官軍として久留米藩兵が参戦していたが、皮肉なことに旧幕府軍にも久留米藩出身の古屋作久左衛門、高松凌雲がいた。この両名は実の兄弟だったが、古屋は久留米藩の今井栄に英語を教授するほど語学に長けた人物だった。実弟の高松凌雲は、大坂の適塾を経、幕府の支援を受けてフランスに留学し、先進的な医学を学んだ人でもあった。その高松は、五稜郭に立てこもる榎本軍の野戦病院長として戦病兵の治療にあたった。実兄の古屋作久左衛門の負傷した姿に近代戦の凄まじさを実感したという。更に、この高松は幕府軍、政府軍（官軍）に関わらず、全ての戦病兵の治療にあたった。これが、日本初の赤十字精神の発露といわれ、敵味方分け隔てなく治療する高松の姿勢に政府軍は感銘を受け、榎本への降伏勧告が行われたのだった。榎本は幕臣とはいえ、元は実父の箱田良助が持参金千両で旗本の榎本家の養子にはいり、次男として誕生したのが榎本武揚である。箱田良助は伊能忠敬《いのうただたか》に弟子入りし、伊能亡きあと「日本沿海輿地図」を完成し、幕府に献上した人である。榎本武揚は武人というより、文人の家系といえる。

ちなみに、箱館戦争に参戦した古屋作久左衛門、高松凌雲兄弟を顕彰する碑が福岡県小郡市の高松家に立っている。武士として「義」に殉じ、旧幕府側に身を投じた兄弟だったが、榎本軍の野戦病院になだれ込み、無抵抗の入院患者を斬殺して廻った官軍兵士に久留米藩兵がいたという事実に高松凌雲は驚いたことだろう。

藩政安定のために議院が創設される

戊辰戦争も終決し、久留米藩の版図（領土と戸籍）を朝廷に還す版籍奉還も終了した。この版籍奉還により諸藩は中央政府直轄統治となり、暫定的に旧藩主が藩知事に就任。久留米藩においては、旧藩主であった有馬頼咸《ありまよりしげ》が、久留米藩知事となった。従来、藩主であれば城を住居とするが、幕藩体制という封建制度が崩壊した今、城は久留米藩の藩庁（役所）となる。そこで、藩主の有馬頼咸は空き家となっていた高良山《こうらさん》座主の住居に移り住み、ここから政務がある場合は久留米城内の藩庁に通った。しかし、幕藩体制から王政復古の世になったとはいえ、完全に政治体制が刷新されたわけではない。藩主が藩知事と名称が変わり、政治権力が佐幕派から勤皇派に変ったに過ぎなかった。

それでも、明治二年（一八六九）九月、藩政改革として士族の身分が、上士、中士、下士、准士、卒の五段階に分類された。士族といえども旧来は更に複雑な身分階級に分けられていた。士族が四分類、足軽など雑兵と呼ばれる類が卒《そつ》という枠に統一されたに過ぎなかったが、これでも改革といえば改革だった。ただ、従来、身分によって武道場なども厳格に分けられていたが、卒でも士族の道場に通う事ができるようになった。改革の成果の一つだが、士族という特権階級意識が即日に改まるには随分と年数を要するものだった。

藩政改革としての身分制度改革を嫌がる者もいる。反して、ご一新《いっしん》（ご維新）になったのだか

高良山山頂にある高良大社展望台、ここから雄大な筑後川を見下ろすことができる

ら「一君万民、四民平等」にならなければとの革新的な考えを持つ士族もいた。その改革派の代表が久留米藩大参事（副知事格）に就任した水野正名であり、その配下の小河真文だった。『久留米藩難記』の著者である川島澄之助も水野、小河の両名の革新的思想性を自著に記している。

ところが、この水野正名が幕末維新の激務の疲れからか病気になり、しばらく療養のために藩政府に出勤できなくなった。さらに、小河真文は家督を弟の小河邦彦に譲り、隠居生活を始めた。これが久留米藩政における主導者不在という権力の空白を招いた。この時、久留米藩政の主導権奪取に動いた者たちがおり、大参事の水野正名排斥を策謀していた。このことに気づいた小河真文は実弟の小河邦彦を先頭に立て、藩知事有馬頼咸への事態改善の直訴を試みた。小河邦彦、川島澄之助ら十七名で藩知事の住居である高良山御殿に向かい、封事（藩知事しか開封ができない書状）を提出したのだ。更には、藩知事の回答を得るまでは動かないとして座り込みを強行。万が一、封事に記載されている内容に一点の間違いでもあれば罪人としての斬首は免れないのは覚悟の直談判だった。結果、小河邦彦ら十七名は久留米城下寺町の誓願寺に拘禁されはしたものの、後日、お咎めなし無しで釈放された。不破美作《ふわみまさか》襲撃事件と同じく、藩知事（旧藩主）の決断で穏便な対応がなされたのだった。

古くから、「君主は有能な臣下を取り立てるのが利益。臣下は能力が無くとも仕事を与えられる事が利益。」という。これは、権力闘争においての改革派と保守派との対立についての喩えで用いられるが、いつの時代も、どんな政変があっても、人間の考えることの本質に変わりはない。

ともあれ、この改革派と保守派の軋轢回避、融合を目的として議院という藩政を監督する部署が設けられた。その議院総裁には古松簡二の叔父であり、勤皇派の池尻褐單《いけじりかったん》が座った。

この久留米藩主への封事について、その内容は小河真文が筆を執ったと川島澄之助は自著に述べている。参考にその封事の内容を自著に記載したいと写しを探したそうだが、ついに見つからなかったという。

山口藩の藩論恢復に意見が一致

久留米藩は戊辰戦争において常備兵と応変隊が参戦した。久留米に帰還後も即応集団であった応変隊は解体されないままだった。官軍（政府軍）として従軍したことで、久留米藩に慰労金が下されたこともあったからだ。しかし、山口藩（旧長州藩）においては、勇名を馳せた奇兵隊、及び諸隊は不要になったとして解体させられた。解体させられたといっても、戦死者遺族への弔慰金はあっても、他の者には何の手当も無い。勝手に、好きなところへ行けといって放り出された。いわば、都合の良い時には長州奇兵隊として持ち上げ、用済みになると冷淡だった。当然、奇兵隊や諸隊に属していた兵たちは山口藩庁と恩賞について揉めたが、解決には至らなかった。そこで、瀬戸内海で海賊行為を働く旧奇兵隊士もいれば、海を渡って豊後鶴崎（大分県大分市）に逃亡した者もいた。豊後鶴崎には肥後藩（熊本藩）の飛び地である高田地区があり、そこには熊本藩士でありながら奇兵隊士として戦った旧知の河上彦斎《かわかみげんさい》がいたからだ。なかには、久留米藩の古松簡二を頼る旧奇兵隊士もいた。古松は元治元年（一八六四）「水戸天狗党」の「筑波山義挙」の決起にも参戦したが、この決起の背景には水戸藩と長州藩が万延元年（一八六〇）七月に結んだ「成破の盟約」（長州藩が策を仕掛け、水戸藩が武力行使する）の結果だった。早くに全国の同志を糾合していた古松だが、豊後鶴崎にいる河上彦斎もその同志の一人だった。それだけに、豊後鶴崎の河上、河上の同志である古松が久留米にいることは、両者の思惑とは関係なく旧奇兵隊士たちを豊後鶴崎へ、久留米へと惹きつける磁石となっていった。

このことは、この章の冒頭、小河真文の碑文の意訳全文を紹介したが、その中に「長州の奇兵隊を脱退した大楽源太郎らが久留米藩に逃れきて、保護を求めたのである。」と記されているように、大楽源太郎も脱退兵らと共に久留米に潜伏していたのだった。

明治二年十一月、古松と小河は「七生隊《しちせいたい》」という親衛隊のような組織を創設していた。しかし、久留米藩に潜入した山口藩の旧奇兵隊士処遇を巡って、古松簡二と小河真文の間で意見の対立が顕著になってきた。当時、古松は久留米藩校明善堂の教員として若い子弟に教育を施していた。さらに、自邸には有望な若者が声望に惹かれて集まっていた。小河真文は武士の家格としても申し分がなかったが、身分で分け隔てをしないことから若者たちの人気を集めた。古松は山口藩の旧奇兵隊士の処遇、山口藩の藩論が中央政府に依存していることに不満があった。小河は、まず、久留米藩の体制を整えることが先決で、他藩の内政に干渉するようなことは避けたいと考えていた。

この両者の意見の相違から、両者の下に集う若者たちが派閥対立を起こし、古松派と小河派で軋轢が顕著になってきた。そこで、両者の意見の一致をみたのが、山口藩の旧奇兵隊士を援護し、山口藩の藩論恢復（イギリスに迎合する事を是正）というものだった。

旧奇兵隊士の潜伏が政府の問題となる

明治三年（一八七〇）四月から五月、山口藩（旧長州藩）の奇兵隊や諸隊の兵士たちが続々と久留米藩内に潜入を始めた。先述の通り、久留米に古松がいることもあるが、水野正名が久留米藩の大参事（藩副知事）にいることも影響している。文久三年（一八六三）六月、真木和泉守の主導で久留米藩と長州藩は「米長同盟」を締結したが、その真木が「禁門の変」で自決した後の久留米勤皇党の領袖は水野正名だった。王政復古にはなったものの、いわば「米長同盟」の延長を求めての旧奇兵隊士の久留米集結だった。『久留米藩難記』の著者である川島澄之助は、この頃、藩命を受けて山口藩（旧長州藩）に使いに出かけたが、この旧奇兵隊士の脱退騒動（山口藩脱退兵騒動）の現場に出くわしている。その様子は、内乱状態であったと述べる。この騒動、脱退兵を慰撫するというよりも討伐だった。桂小五郎こと木戸《きど》孝允《たかよし》がそのリーダーとして脱退兵を討伐。旧長州藩にとって、戊辰戦争での戦友ともいうべき奇兵隊士だったが、身分の低い者が上位に逆らったという封建的身分制度の時代意識が強かった。ご一新（ご維新）といいながら、従来通り、上位の者が下位の者に有無を言わせぬ圧力をかけたのだった。

他藩の内政に干渉することを避けるべきと考える小河真文に対し、社会変革は草莽が決起することと唱える古松簡二。この両者の意見が対立するのは致し方なかった。しかし、明治三年（一八七〇）十月、山口藩の使節が久留米藩にやってきて脱退兵の逮捕を要求。高圧的な態度で久留米藩に干渉する山口藩の対応に小河、古松らは立腹。このことから旧奇兵隊士を援護して、山口藩の藩論を変えるということで意見の一致をみた。これが、新政府に非協力的な久留米藩としての印象を与え、脱退兵を匿う久留米藩を討伐する口実を設けることになった。新政府の中枢は旧薩摩藩（鹿児島藩）、旧長州藩（山口藩）であることから、山口藩の内政問題であっても中央政府の問題に置き換えることは容易。山口藩単独では手に負えないとして政府の問題にすり替え、その反政府の元凶は脱退兵（旧奇兵隊士ら）を匿う久留米藩であるとしたのだ。

もともと、久留米藩は東の会津、西の久留米と呼ばれるほど、佐幕派の藩として知られていた。新政府からすれば、勤皇派が久留米藩の実権を掌握したとはいえ、完全掌握とは見ていなかったのではないか。久留米藩の討伐を名目に、旧幕府からの委託業務から生じる資産、星野金山（幕府領日田が管理していた鯛生金山と鉱脈を同じにする金鉱山）、久留米海軍の艦船を押収したいという目論見もあったかもしれない。加えて、長崎では「浦上四番崩れ」という潜伏キリシタンの取締りが進んでいた。今も福岡県三井郡大刀洗町（旧久留米藩領）には今村教会というカトリックの教会堂が遺る。これは浦上に教会堂を建てたフランス人宣教師が、旧久留米藩領に潜伏していたキリシタンを纏めるためにやって来た結果であり、このキリシタンの存在も明治新政府には目障りな存在だった。いずれにせよ、新政府の政権安定に向け、徹底的に久留米藩の不穏分子は鎮圧しておかなければならないと決断したとみて良い。

巡察使の派遣、反政府行動の謀議、そして逮捕

明治三年（一八七〇）十二月、政府の巡察視（問罪使）として四條隆謌《しじょうたかうた》が九州に派遣された。山口藩の脱退兵が九州に逃亡、潜伏しているという実態調査とともに、日田（大分県日田市）を本拠地として久留米藩、柳河（川）藩、福岡藩などの実情調査だった。四條隆謌は文久三年（一八六三）の「八月一八日の政変」で三條実美《さんじょうさねとみ》らと都落ちをした七卿の一人であり、三年ほど太

宰府天満宮（福岡県太宰府市）に滞在していたことから近隣の地勢については把握している。九州の不穏な動きを探る巡察使としては適任だったが、水野正名とは辛苦を共にした旧知の間柄でもあった。

そんな中、古松簡二は別件で東京の弾正台から出頭を命じられ、小河真文も日田（大分県日田市）に出張してきた弾正台から調書を取られた。山口藩は山口藩脱退兵隠匿の責任を久留米藩に求めるようにと建白書（請願書）を政府に提出。同時に大参事の水野正名は三條実美の呼び出しを受け、山口藩脱退兵とその隠匿を画策する久留米藩の者を処分するように求められたという。すでに、この時点で久留米藩の処分（討伐）は既定路線となり、政府軍として熊本、鹿児島、山口の藩兵派遣が決定していた。これに対し、鹿野淳二《かのじゅんじ》（応変隊）らは政府に対して徹底抗戦すべきと久留米藩庁に建白書を提出したが、事態が和議へと改善することはなかった。

政府による久留米藩処分は避けられないとして、明治四年（一八七一）二月十三日頃、小河真文は宮川渉の自宅において、大楽源太郎、寺崎三矢吉（庄屋）らと政府転覆の謀議を開き、挙兵を決議した。しかし、着々と政府の久留米藩処分策は進み、古松は東京に護送。巡察使であった四條隆謌は山口藩兵、熊本藩兵を率いて日田に駐屯した。しかしながら、なぜか、出兵命令を受けていた鹿児島藩は動かず、動静を注視していた。

ここで、事態が急変したのは、東京の弾正台で取り調べを受けていた藩知事の有馬頼咸が東京の赤羽根藩邸で謹慎したという一報だった。続いて、三月十三日には、水野正名、小河真文、澤《さわ》之高《ゆきたか》が日田の巡察使に出頭を命じられ、そのまま逮捕監禁されてしまったことだ。その他、政府の嫌疑のかかった久留米藩の者たちもことごとく逮捕されてしまった。

この後の最大の問題は、いまだ久留米藩領に潜伏中の大楽源太郎らである。藩知事の有馬頼咸と大楽とが面談したことが政府に知れたら、藩知事に対しての厳罰は免れない。藩知事に罪が及ばないようにするためには、藩知事は何ら山口藩脱退兵隠匿と無関係にしなければならない。そこで、島田荘太郎、川島澄之助、鹿野淳二らが手分けして、大楽源太郎主従を口封じのために殺害。明治四年（一八七一）三月十六日未明のことだった。

その間、久留米藩の有馬孝三郎らが事件収束に向けての交渉で鹿児島に向かっていた。鹿児島では西郷隆盛の代理である大山格之助（大山綱良）に面会し、事情を説明。大山は藩兵を率いて久留米に向かい、巡察使として久留米の高良山に駐屯する四條隆謌に面会。四條を無法、無策として怒鳴り上げ、早々に撤退することを勧告した。かつて、太宰府天満宮の延寿王院に滞在していた折、四條を含む五卿は幕吏に引き渡されるという場面があった。その窮地を救ったのが大山だった。兵士を引き連れ、幕府の小林甚六郎ら一行を威嚇したのである。巡察使の四條といえども、かつての生命の恩人から罵倒されれば、引き揚げるしかなかった。この大山の英断によって、山口藩、熊本藩兵も引き揚げていった。これによって、久留米藩関係者への山口藩、熊本藩による過酷な拷問も消滅した。この拷問については、人権など存在しない時代とはいえ、算盤《そろばん》責め（算盤玉のように上部が三角に尖った木材に正座させられ石の重しを乗せる）、木馬《もくば》責め（上部が三角に尖った木材の上に跨らせ両足に重しを付ける）、鞭撻《べんたつ》（天井から吊り下げ青竹を割った鞭で打ちすえる）と死に直結するものばかりだった。なかには、文天祥《ぶんてんしょう》の「正気の歌」を朗吟しながら木馬責めの痛みに耐えていた者もいた。しかし、無残にも、股から裂けて死んだという。

過酷な拷問によって自白させられ、ねつ造された罪もあったと思われる。再審など考慮されない時代であっただけに、過剰に罪が重なった事は想像に難くない。

裁判の為に東京に送られる

明治四年（一八七一）四月十七日、先に拘束されていた水野正名、小河真文に加え、島田荘太郎、大鳥居菅吉、條本廉造、太田茂、鹿野淳二、横枕覚助、寺崎三矢吉、川島澄之助、古賀十郎の十一名が弾正台の裁判を受けるために東京へと送られた。十一名のうち、古賀十郎は久留米藩の隣藩である柳河（川）藩の者だった。久留米藩難事件というものの、後年、青蓮院宮《しょうれんいんのみや》（中川宮）を首領とする全国規模の反政府事件であったことが判明している。この十一名の護送の有様は、身体の前で交差した手首に鉄製の手錠を掛けられ、腰縄を打たれ、駕籠には逃亡を防ぐための麻紐の縄でできた網がかけられていた。まだ、裁判の結果も出ていないにも関わらず、「ご一新（維新）」とは名ばかりの幕府時代の重罪人を護送するのと同じやり方だった。更に、その十一人を乗せた駕籠の周囲は日出《ひじ》藩（大分県にあった藩）の兵隊五十人余りが警備していた。

日田を出た駕籠は小倉（北九州市小倉北区）に到着。小倉からは船で神戸、品川を経て東京へと一行は送られた。古賀十郎は、弾正台少巡察使という立場にあったが、熊本藩の横井小楠暗殺犯たちが十分な取り調べも受けずに斬首刑になることを止めた事から、逆に政府の反感を買っての逮捕だった。現代の裁判制度から言えば、実に私怨に近い理不尽な扱いだった。

東京に到着した水野たち一行だったが、水野と小河の二人は他藩の藩邸に預けられた。さすがに、政府としても久留米藩上席であり、下級武士、庶民と同じに扱うのは憚られたのだろう。特に、水野は政府の重要人物である三條実美の側近中の側近であっただけに待遇に配慮したものと思える。

しかし、その他の者は三尺（約九十センチ）四方、高さ五尺（約一メートル五十センチ）の獣を入れるような檻に入れられた。現代の洋服販売店の試着室よりも狭く低く、正面が格子の檻であり、床にわずか半畳の畳が敷いてあるだけの檻だった。これが四十個ほどあり、別に六尺（約一メートル八十センチ）四方の檻が二十個ほどあった。これも、身分によって差を設けるという封建的身分制度の旧弊だった。この檻には、久留米藩の者だけではなく、日本全国の諸藩からの者が放り込まれていた。久留米藩難事件というが、先述の通り、新政府への反発が、全国規模であったことが、ここでもわかる。

人間扱いされない反政府の人々は、大小便の時と弾正台（検察庁）での取り調べの時だけ、檻の外に出ることができた。食事は竹皮に包んだ飯に沢庵二キレ、梅干し一個が三食与えられ、朝だけ薄い味噌汁が付いた。朝の洗顔では柄杓の水を掌で受けて洗うだけ。入浴などはもっての他だった。夏場には蚊の大群の襲撃と炎暑に耐えねばならず、発狂しないのが不思議なほどの環境。こんな檻に半年弱も放り込まれていたが、「国事犯イジメ」として著名な玉乃世履《たまのせいり》は、待遇改善を全く認めなかった。しかし、東京府の権大参事となっていた旧薩摩藩の黒田清綱がその獣同然の扱いに驚き、改善に動いた。この黒田は、大山格之助（大山綱良）とともに、太宰府にやってきた幕吏の小林甚六郎を恫喝し三條実美らを窮地から救った人だった。黒田は尊皇攘夷運動の渦中にあった人々が獣同様の扱いを受ける姿を見て、過酷な環境を哀れに思い改善に動いたのだった。

判決がくだる

ようやく、明治四年も九月になって反政府の被疑者たちは檻から解放された。日本全国の国事犯が東京に送られ、さらに、東京市中での犯罪も多く、犯罪者を収容する施設が少なかったことから急造の檻に放り込まれたのだが、次に送り込まれたのは天下に名高い小伝馬町の牢獄だった。ここでは、国事犯も一般の囚人と同じ牢に放り込まれた。歴史小説で紹介される牢獄の掟があるが、これも「ご一新」の新時代といえども、まったく変化は無かった。牢には牢の掟があり、一ミリの変更も許されない。武士といえども牢名主、庄屋という牢屋の古株に従わなければならない。新入りは国事犯であるとの告知が牢名主になされ、窃盗犯や殺人犯と同じ扱いは控えるようにと申し渡された。しかし、身動きもとれないほどに押し込まれる待遇になんら変わりはなかった。さらに、久留米藩大参事（副知事）であった水野正名も同じ牢に放り込まれ、窮屈な牢生活を送らねばならなかった。

久留米藩難事件に関係した人々に判決が下りたのは、明治四年（一八七一）の年も暮れようかという十二月三日だった。牢から司法省に向かう駕籠にはそれぞれ縄が三本かけられていた。この時代、駕籠に三本の縄がかけられるのは「死刑」を意味する。大楽源太郎を殺害した川島澄之助は死刑覚悟だったが、手違いとはいえ、三本縄の駕籠に詰め込まれた時、情けなく思ったという。

司法省での判決は、江戸時代となんら変わりのない「お白洲」と呼ばれるところで罪状を宣告される。ここで川島は下級武士の「卒」という身分から「庶人」という町民や農民と同じ平民身分に落とされ、禁獄七年の刑を告げられた。しかし、小河真文、高田源兵衛こと河上彦斎《かわかみげんさい》（かわかみけんさい、とも）（熊本藩）、初岡敬二（秋田藩）、曳田源二（京都）、古賀十郎（柳川藩）ら、およそ七十名は斬首刑の判決となった。木戸孝允は「河上（彦斎）がいては、枕を高くして眠れない」と嘆いていたが、「人斬り彦斎」として天下に名の知れた河上が斬首刑となったことで、この日を境に木戸は熟睡できることとなった。

小河真文の顕彰碑の建立

明治四年十二月四日、小河真文は久留米藩難事件の主犯として斬首刑になった。その処刑前、隣の牢に一緒に東京へと送られた横枕覚助《よこまくらかくすけ》（庄屋）がいたことから格子越しに小河に問いかけたところ、次の歌が遺った。

「たらちねにかくとつげなんことづても　そこにといとう人しなければ」

母に自分の最期はこうであったと告げたい言伝事も、そばに尋ねてくれる人がいればこそ、そう心中を詠んだ。

明治のご一新（維新）といいながら、その処刑については旧時代そのままであり、斬首刑を示す「切縄《きりなわ》」という麻紐が小河の首に掛けられていた。武士身分であった小河にすれば屈辱の何ものでもない。森鷗外の小説『堺事件』でも、斬首刑であった下級武士が国事犯ゆえに切腹を要求する場面がある。時代的に切腹は武士の名誉と考えられたからだが、一介の庶人として、重罪人扱いで処刑された小河の心中を思うと不憫に思えてしかたない。

斬首刑となった小河の遺骸は、当光寺（東京都港区）に葬られ、墓碑には池田八策と刻まれた。想像するに、久留米藩佐幕派による墓荒らしを恐れてのことだろう。しかし、久留米藩主に累が及ばぬようにと、自ら、全ての責任を一身に背負った小河だった。裁きにおける返答も理路整然としていることから、その才能を惜しむ声は大きかった。川島澄之助の『久留米藩難記』においても、「悉く一身に（全責任を）引き受け、他の人々には何の煩ひも及ばぬように言われた様だった。」と記している。

明治の時代も過ぎた頃、小河の名前も、久留米藩難事件を知る人も少なくなったころ、東京に

小河真文の墓がある梅林寺山門、久留米藩有馬家の菩提寺でもある

残された小河の墓は郷里の久留米に送られ、久留米藩主有馬家の菩提寺である梅林寺に改葬された。今も梅林寺の一隅に「池田八策」と彫られた墓石があり、その左手側面に刻まれた小河真文の名前を見て取ることができる。更に、旧久留米城跡に設けられた篠山神社の一隅に顕彰碑も建立された。藩主に罪が及ばないようにとの小河の気持ちを汲んでの篠山神社での顕彰碑建立であったと考えられる。大正三年（一九一四）四月のことだった。

この顕彰碑の撰文を書いたのは大庭陸太《おおばりくた》だが、久留米藩難事件が起きた明治四年の生まれ。事件に直接の関係はないが、親友の渡辺五郎の母は事件に関係した水野正名の妹（仙）であることから、久留米藩難事件に関心を抱いていたものと思われる。漢文をよくしたことから小河の他、アジア主義者の武田範之《たけだはんし》（島田荘太郎の甥）などの石碑に撰文を遺している。大庭は渡辺五郎、渡辺勘次郎（不破美作への斬奸状を書いたといわれる早川勘兵衛の次男）とともに郷土久留米の女子教育、私学の振興に貢献した功労者としても知られる。

二　水野正名

水野正名の碑文から

水野正名は廃藩置県後の久留米藩大参事（副知事）であり、久留米藩難事件での判決後、武士身分から庶人（平民）に落とされ、終身禁獄を申し渡された。しかし、収監先の弘前藩（青森県）の獄中で病死。水野の顕彰碑の撰文は『久留米藩難記』の著者である川島澄之助だが、それだけに、事件がどのように綴られているか興味深い。

水野正名先生碑　篠山町　篠山神社境内

【意訳】（原文は巻末に記載）

徳川幕府の末、国政について種々の論議が対立し、ある者は勤王、ある者は佐幕を唱え、諸藩は去就に迷って藩論がなかなか一定しなかった。これというのも、幕府政治が長く続いたためにこれとの情実・利害関係が深くなり、強大な雄藩でも一挙に関係を絶つことができず、ついに機会を逃して後世に悔を残したものも少なくなかった。

この時、国家の為に尽くすべく敢然と立ち上がり、諸国の勤王の兵を率いて京都に進軍し、幕府軍と交戦して敗れ、恨を呑んで天王山で自刃したのが久留米藩の真木和泉守である。また、真木和泉守と以前から同志であり、藩主を補佐して藩論を統一し、維新の大業に力を尽くしたものに水野渓雲斎先生がおられる。

先生は名を正名、通称を丹後といい、渓雲斎は号であった。父は正芳といわれ、弟に吉田丹波博文と稲次因幡正訓（どちらも他家を相続）があり、両人とも勤王の志の深い人であった。先生は生まれつき聡明で、強い意志と果断な実行力を持ち、気性激しく、眼光は人を射るようであった。早くから朝廷の衰微を嘆き、ひそかに王政復古の志を抱いておられた。

天保十四年（一八四三）、先生は奏者番に列せられ、そのご嘉永五年（一八五二）、二人の弟および真木和泉守・木村重任らと共に藩政改革意見を上申し、これが藩の要職者に忌憚されて処罰を受け、十二年間の幽囚生活を送ることになった。（嘉永の大獄）

やがて世情が次第に変化し、長州藩家老国司信濃や大納言中山忠光卿が久留米を訪れ、藩主頼咸公に尊王派の解囚を勧め、一方親類の津和野藩主亀井侯からも同様の説得がなされた。この結果、文久三年（一八六三）五月にようやく囚禁者全員の解放が実現し、直ちに藩命を受けて多くの者が上京することになった。

先生は京都で諸藩の尊王派と往来するうちに、ひときわ頭角をあらわし、朝命によって学習院御用掛を命ぜられた。

しかし、同年八月、天皇が攘夷祈願のために大和行幸をされようとした矢先、朝議一変して取りやめとなり、（この時期、朝廷は公武合体派によって支配された）尊攘派公卿七人は難を避けて長州に下る事になった。水野先生もこれに陪従され、三田尻および太宰府に四年間ほど滞在された。この間、七卿（太宰府では五卿）の身辺にはしばしば危難が迫ったが、先生はよくこれを補佐されたので、三條実美からとくに深い信頼を受け、随従していた他藩の志士も先生を重んじるようになった。慶応三年十二月、朝廷によって王政復古宣言がなされると先生も五卿に従って京都に還られた。

この頃久留米藩では、政権はもっぱら佐幕派（幕府支持）によって掌握されていた。そこで勤王派志士たちは窃かに同志を結集し、執政の要職にある者（不破美作）を斬殺して大義名分を明らかにし、一藩の進む方向を決定した。この挙は水野先生のひそかな内意をうけて実行されたものだった。

明治元年二月、京都三條公邸におられた先生は、藩主の要望によって参政に補せられて国政に復帰され、三月に帰国。（一般に閏四月の帰国とされている）すると同時に大いに藩政の改革に努力された。ついで七月、藩主に従って上京され、九月に政府の公議人を兼務し、朝廷からの下問にいろいろと奉答された。翌二年八月藩主とともに帰国し、まもなく（九月）大参事に任ぜられ、いよいよ藩主の信任も厚く、藩内での声望もますます高まった。その後四年正月、三條公の招きで東京に行かれたが、すぐに帰国して新政の施行をされた。

これより前（三年一月）長州藩で反乱がおこり、奇兵隊脱徒の大楽源太郎が久留米城下に潜入してきた。藩士の中に彼等と密かに連絡を有する者があり、これを長州藩が探知して政府に訴えた。このため政府が四條隆謌少将を巡察使として派遣（三年十二月）して藩情を偵させたところ、当藩が立派に朝廷の指示を守って新政を行っていることがわかった。しかしなお大楽等を庇護している疑いを捨てず、翌年三月に再び四條少将が山口・熊本両藩の兵を率いて久留米に出張し、城下近くに駐屯して厳しい取り調べを行った。

この頃藩知事頼咸公は東京におられたが、事件には何ら関係が無かった。しかし、政府は兵を出して赤羽根邸を包囲させ、公を弾正台で取り調べさせた。この知らせが国許に伝わると、藩内の驚きは大変なもので、全く処置しがたい混乱ぶりであった。志士たちは密かに協議し、禍が藩公に及ぶのを心配して大楽等を誘殺してしまった（三月十六日夜）。しかし、この事件はすぐに露見し、関係者はみなとらえられた。

先生は藩政の最高指導者であるために身をもってこの藩難に対処し、悠々と正道を歩かれたが、後に責任を問われて東京に護送され、四年十二月、士籍を徐かれて終身刑に処せられた。ついで翌年十一月九日、病気のために青森県弘前獄中で逝去された。享年五十歳であった。親戚の者が遺骸を引き取って同地の長勝寺に葬り、遺髪を久留米隈山の正源寺丘上に埋葬した。後年、大赦によって罪名が消滅し、士族に復した。先生には万という一人娘がいるだけであったが、昭和七年十月に死亡し、ついに跡が断絶してしまった。

先生が朝廷のために尽くされた功績はまことに多大であった。このため三條公は幾度も内命を下して政府に仕えさせようとされたが、先生は藩政改革が多忙であるとの理由で辞退されていた。もしも中央政府におられたらならば、龍虎が雲や風にのって勢いを得るように、偉大な功績を挙げられたであろう。わが久留米藩の勤王の士は、真木和泉守のように天下の先駆となって働いた者は空しく天王山に屍を埋め、先生のように後年まで残った者も、いったん志を得たかと思えば不幸にも災厄に遭って斃れてしまった。なんと嘆かわしい末路であろうか。

ここに先生の死後六十二年。有志者が碑を建ててその事蹟を不朽に伝えようとしている。私は青年時代、先生の教えを受けて国事に奔走し、その高大な徳を感じているのである。この拙い文であるが、涙を払って先生についての概略を述べたのである。

昭和八年五月　伯爵　有馬頼寧　篆額

従五位勲五等　川島澄之助　謹撰

大坪春山　敬書

碑文には概略だけしか刻まれていないが、水野は旧知の西郷隆盛に山口藩脱退兵騒動をきっかけに久留米藩に難が及ぶことを説明。藩難の解決を西郷に依頼するが、その現場に川島は遭遇している。更に、水野は廃藩置県後の土地所有についても持論があり、経済政策についても川島らに述べていた。

久留米勤皇党の置かれた時代背景

久留米勤皇党の領袖といえば、真木和泉守保臣《まきいずみのかみやすおみ》だが、その思想の中心にあったのが「水戸学」だった。その水戸学を初めて久留米藩にもたらしたのは木村三郎である。その水戸の学風に影響を受けたのが村上守太郎であり、真木和泉守だった。この水戸学の学風は同志ともいうべき水野正名にも及び、名君と呼ばれた藩主の有馬頼永《ありまよりとう》も影響を受けた。しかし、有馬頼永亡きあと、嘉永五年（一八五二）の「嘉永の大獄」で水野正名は永御預け（終身禁固）となった。しかし、この間に、世の中は激変しており、水野は牢の中で切歯扼腕していたことだろう。

ここで激動の時代の変化を見てみたい。

嘉永五年（一八五二）　久留米藩の嘉永の大獄
嘉永六年（一八五三）　アメリカのペリーが浦賀に来航し開国を要求
安政六年（一八五九）　安政の大獄
万延元年（一八六〇）　三月三日　桜田門外の変（大老井伊直弼の暗殺）
　七月　成破の盟約（水戸と長州の盟約）
文久二年（一八六二）　一月十五日　坂下門外の変（老中安藤信正襲撃事件）
　二月十六日　真木和泉守の脱藩、寺田屋事件で久留米に護送
文久三年（一八六三）　二月四日　真木和泉守らの解囚を公卿らが求め水野らも解囚

五月十日　長州藩、馬関で四か国艦隊に砲撃
六月七日　高杉晋作、奇兵隊を編成
六月　米仏軍艦、馬関を砲撃
七月二日　薩英戦争起きる
八月十七日　吉野で天誅組の変
八月十八日　「八月十八日の政変」で三條実美ら長州へ
十月　平野國臣による「生野の変」

元治元年（一八六四）
三月　「水戸天狗党決起」
七月　「禁門の変」　真木和泉守ら天王山で自決
八月二日　幕府、長州征伐（第一次）を各藩に下命
八月五日　四か国艦隊、馬関を報復砲撃

慶応元年（一八六五）
一月十五日　三條実美らは太宰府天満宮に移り水野は警護役を担う

歴史年表に記載される事件を並べたが、文久二年の「寺田屋事件」に真木和泉守が関係し、文久三年の「天誅組の変」では、真木和泉守の門弟たちが関係した。「八月十八日の政変」では、真木和泉守、水野正名らが関係。さらに「生野の変」では、真木の盟友・平野國臣が関与。「水戸天狗党決起」では古松簡二らが決起に参加した。更に「禁門の変」では真木和泉守、加藤常吉、

三條実美らが京の都から長州に落ちていく様を描いた碑（太宰府天満宮・延寿王院）

松浦八郎という久留米藩関係者に加え、肥後勤皇党、土佐勤皇党までもが天王山で自決した。この真木の自決の後を受け久留米勤皇党の領袖になったのが水野正名だった。

嘉永五年の「嘉永の大獄」で「永御預け」となっていた水野正名は約十二年もの間、無為の年月を送った。しかし、公卿の中山忠光らの働きかけで解放され、更には学習院御用掛となって京の都で国事に奔走することになる。しかし、「八月十八日の政変」では尊皇攘夷派公卿の領袖である三條《さんじょう》実美《さねとみ》ともに長州へと落ちていき（七卿落ち）、更に筑前福岡藩の太宰府天満宮へと移っていった（五卿転座）。この太宰府での約三年間、無位無官となった三條実美らと共に屈辱的な日々を送らねばならなかった。しかしながら、逆境にあるからこそ、水野正名と三條実美との人間関係は強固なものとなり、水野に対する三條の信頼は篤くなるばかりだった。それだけに王政復古の世となった時、その喜びは並々ならぬものがあった。同時に、小河真文に命じて久留米藩の藩論を尊皇へと大転換させるべく参政の不破美作襲撃を命じたのだった。

十志士の殉難

明治元年（一八六八）七月二十一日、徳雲寺（福岡県久留米市寺町）で榊次太夫、加藤喜市郎が切腹を申し付けられた。同年一月十四日、久留米藩が幕府から預かっていた豊前四日市陣屋（二万二千石）が勤皇を標榜する一団に襲撃されたことを責めての切腹申し付けだった。今に伝わる花山院隊《かさのいんたい》事件とも御許山《おもとやま》事件といわれるものだ。この偽官軍事件として扱われる花山院隊の襲撃を防ぎ得なかった罪を問われたのだが、佐幕派が藩の権力を掌握している際は、この事件は何ら問題にもならなかった。しかし、勤皇派が権力を握ると、事件対応は佐幕派の怠慢として処理、処罰されたのだった。

続く明治二年（一八六九）一月二十九日、久留米藩佐幕開明派の九人が、「国是の妨げになる」との簡単な申し渡しだけで次々と徳雲寺で屠腹（切腹）となった。今井栄、喜多村弥六、久徳与十郎《きゅうとくよじゅうろう》、北川亘、松岡伝十郎、石野道衛、本庄仲太、梯譲平《かけはしじょうへい》、松崎誠蔵だが、このほか、吉村武兵衛は慶応四年（一八六八）四月十八日に大坂（大阪）で屠腹となっていた。その吉村の介錯をしたのは、不破美作暗殺事件の二十四名の一人、吉村百助だった。その行動の早さには驚くばかりだが、これが、現代に伝わる佐幕開明派十烈士への報復である。

なぜ、ここまで、久留米藩内において尊皇攘夷派（勤皇党）が報復行動に出るのか。それは、久留米藩における「嘉永の大獄」が大きく影響している。かつては水戸学の学風を受け継ぐ同志として行動していたにも関わらず、路線の食い違いから分裂。逆に弾圧を受けた。血が近ければ近いほど、憎しみは更に深くなるとの言葉通り、その報復には戦慄を覚える。
ここで、屠腹（切腹）となった十人について、その簡単な履歴を見てみたい。先の不破美作暗殺での斬奸状に記された事々に重複する箇所が浮かび上がる。

今井栄　久留米藩の近代化に貢献、村上守太郎、野崎平八とともに有馬頼永の側近の三名臣の一人、国老の有馬監物に英国人のアストンとの会見を薦める
喜多村弥六　久留米藩公武合体派の重鎮
久徳与十郎　会津藩、桑名藩、大垣藩など佐幕藩との公武周旋役、「禁門の変」では長州藩軍と戦う
北川亘　佐幕藩の会津藩、桑名藩との公武周旋役、薩摩藩からの真木一党の解囚勧告の断りに松岡伝十郎と薩摩に出向く
松岡伝十郎　村上守太郎、北川亘とは従兄弟の関係、有馬監物、不破美作の評価を受ける、池尻葛覃の門弟
石野道衛　今井栄が主管する開成方に属し、喜多村弥六の添役を務める
本庄仲太　公武周旋役、藩に提出した建白書を水野正名が批判、実父の本庄星川は朱子学者として「嘉永の大獄」での処罰対象となった十五名を死刑にと主張

梯譲平　池尻茂四郎（池尻葛覃の子息）、加藤常吉（池尻葛覃の高弟）が京都潜伏中、隠れ家を幕吏に通告
松崎誠蔵　今井栄の右腕、今井の上海密航にも従う、久留米藩海軍の中心人物、艦船の艦長
吉村武兵衛　公武周旋役、会津藩に近い

久留米藩政を佐幕派が掌握していた頃、「東の会津、西の久留米」と称されるほど、幕府に忠誠を誓う藩として知られていた。そんな中、今井栄は、佐幕派の有馬監物、不破美作などを説いて、久留米藩の近代化に貢献した人だった。それだけに、武士の法とはいえ、惜しい人物だった。久留米藩出身の幕臣である古屋佐久左衛門に英語を習うほど、発想が柔軟だった。第十代藩主・有馬頼永の信頼が篤く、勝海舟とも交友があり、開成、成産、開物という三局を開いた人として知られる。

前述のとおり、今井が英語を教わったという古屋佐久左衛門（久留米藩）だが、幕府の復権を画策する榎本武揚《えのもとたけあき》の軍に加担し、箱館（函館）戦争で戦死したことは前に述べた。古屋の実弟である高松凌雲《たかまつりょううん》（久留米藩）も幕府派遣の医師としてパリで西洋医学を学び榎本軍の軍医として箱館に赴いた。今井が佐幕派と見られるのも、このような幕府との深い関係にある人々との人間関係を疑われたからかもしれない。

版籍奉還後、久留米藩知事に旧藩主の有馬頼咸《ありまよりしげ》、大参事（副知事）に水野正名が就任し、尊皇

攘夷派が完全に藩政の実権を握ったかに見えた。しかしながら、その後も、藩政府内に居座る旧守派は権力奪取を図るなどしていた。このことは、既述のとおり小河真文の指図によって、小河邦彦（小河真文の実弟）、川島澄之助ら十七名が藩知事の有馬頼咸に直訴した事件が起きたことからも見てとれる。勤皇派が権力を奪取したとはいえ、その基盤は完全とはいえない状態だった。

久留米藩難事件が後世に語り継がれないのも、この佐幕開明派への「国是のさまたげ」として久留米藩の幹部クラスを切腹に追い込んだ影響もある。

「東京大会議」の四つの議題

明治二年（一八六九）四月、東京において各藩の責任者を集めての公議所（後の集議院）での会議、いわゆる「東京大会議」が開かれた。その会議の大きな目的は、廃藩置県（藩を排して中央集権の県の設置）にあったが、事前に諸藩の意見を集約しておきたいとの目論見からだった。久留米藩からは家老の有馬主膳《ありましゅぜん》（藩主有馬頼咸《ありまよりしげ》の従兄弟、村上守太郎を刺殺）が出席した。この会議では、それぞれの藩での討議の結果を持ち寄るようになっていたらしく、久留米藩においても、四つの議題に対する回答をもっての東京（江戸）行きだった。

一、御遷都之事（都を移すこと）

二、外国交際之事（幕府が諸外国と締結した条約や開港地について）

三、耶蘇宗之事（キリスト教の布教解禁について）
四、郡県封建之事（廃藩置県及び郡県制について）

この諸藩の責任者を東京に集めた背景には、中央集権国家としての廃藩置県の根回しが目的であったと思える。さらに、この年の一月五日、肥後熊本藩から新政府（太政官）に出仕していた横井小楠《よこいしょうなん》が京都で暗殺されたことにもある。当初、この横井の新政府への出仕は、病気と偽って熊本藩が断っていたが、再三にわたる岩倉具視《いわくらともみ》の要請で実現したものだった。横井による越前福井藩の財政再建の手腕が評価されたことは想像に難くない。更に、各藩には横井を師とする者が多数おり、中でも越前福井藩の光岡八郎こと由利公正《ゆりきみまさ》などはその代表である。幕府に代わる新政府の方向性を決定するにあたり、横井の弁舌は快調だったのだが、志半ばで潰えてしまった。

参考までに、この頃の新政府（太政官）の要職者は左記の通りになる（概略）。

議政官
議定（二位中納言）
三條実美《さんじょうさねとみ》
岩倉具視《いわくらともみ》

中山忠能《なかやまただやす》
正親町《おおぎまち》三條《さんじょう》 実愛《さねなる》
徳大寺《とくだいじ》正徳《さねつね》
中御門《なかみかど》経之《つねゆき》
蜂須賀《はちすか》茂韶《もちあき》（徳島藩）
毛利《もうり》元徳《もとのり》（長州藩）
松平《まつだいら》 春嶽《しゅんがく》（福井藩）
鍋島《なべしま》直正《なおまさ》（佐賀藩）

参与（四位）
由利《ゆり》公正《きみまさ》（福井藩）
福岡《ふくおか》孝弟《たかちか》（土佐藩）
小松《こまつ》帯刀《たてわき》（薩摩藩）
木戸《きど》孝允《たかよし》（長州藩）
後藤《ごとう》 象二郎《しょうじろう》（土佐藩）
大久保《おおくぼ》利通《としみち》（薩摩藩）
廣澤《ひろさわ》真臣《さねおみ》（長州藩）

副島種臣《そえじまさねおみ》（佐賀藩）
横井小楠《よこいしょうなん》（熊本藩）

行政官
輔相（二位右大将）
三條実美
岩倉具視

議定には、公卿や藩主が就任し、参与には維新に貢献した諸藩の藩士らが就いた。この横井が新政府の参与に就任するにあたっては、士分に取り立てられての出仕だった。かつて、士道に反するとして横井は士族としての身分を剥奪されていたからだ。人材の登用とはいえ、横井の抜擢は破格の大出世だった。太政官での職務が終わっても、毎夜の如く、岩倉具視に呼ばれて意見を求められるほどだった。横井も得意の絶頂だったことだろう。

しかし、この横井は「横井の舌剣」と評されるほど、完膚なきまでに相手を議論で叩きのめす癖があった。抜群の能力とは裏腹に、敬遠する人々も多かった。いわば、敵も多かったということになる。

現在、遺されている横井への斬奸状（暗殺に至る趣意書）では、横井がキリスト教の布教を容認する意見を持っているということをあげている。その証拠を得るために弾正台（検察）の古賀十郎（柳川藩）が熊本に出張するほどだった。この古賀は後の明四事件こと久留米藩難事件で処罰されたが、洋癖家（西洋の規範を好む人）嫌いの人だった。いわば、横井の開明的な考えに対峙する人だったが、皮肉なことに柳川藩家老の立花壱岐は横井の門弟だった。

横井の出身母体である熊本藩では、実学党と称する横井の思想を支持する派閥が熊本藩の権力を握っていた。その実学党の改革において驚くのは、熊本城の破却である。天皇親政となり「四民平等、一君万民」となったからには、封建的身分制度の象徴である城は不要という判断からだった。横井没後の明治三年（一八七〇）の事とは言え、実際に町民や農民に対し熊本城天守閣への登楼が許されている。いかに維新とはいえ、急激な変化に考えがついていかない旧支配層にとっては許しがたい蛮行でしかなかった。複雑な妬み、恨みが生前から横井の一統に集中していたということだ。

横井の才能を高く評価していた勝海舟は、横井暗殺犯は熊本藩の高田源兵衛こと河上彦斎《かわかみげんさい》一党によるものと語録に述べている。更には、新政府における長州閥が横井の功績を認めない風潮があるとも。岩倉具視が横井を重用することを新政府の中枢に座る長州藩が快く思っていなかったのだろう。

先の「東京大会議」について、四つの議題について久留米藩としての回答を用意していた。

一、の遷都については、皇朝（皇室）が一新されると、遷都していたので、構わない。しかし、諸外国との交際が便利だからという理由で遷都をするのはよろしくない。
二、の外国との交際については、外国を近づけるのは良くない。拒絶すべきもの。しかし、打ち捨ててはおけないので、相手に主導権を渡さぬようにして幕府が締結した条約改正にあたる。その際は、死を覚悟してあたる。交易所も数か所に限定すべき。
三、従来通り、キリスト教は厳禁。
四、郡県封建については、古くからの制度を考えれば一長一短がある。皇国の基礎がまだ立っていないので、このまま。

以上のような内容だった。キリスト教は厳禁としていることからも、わずかな容認の気配に対しても天誅を加えるべきという機運であったことがわかる。さらに、公議所とはいえ、軍事的背景、維新への貢献度の高い藩や人物が主導権を握っていた。貢献度からいえば久留米藩の水野正名が参与に名を連ねても良いが、真木和泉守を筆頭に久留米勤皇党の多くが維新前に落命しており、藩政を掌る人物が不足していた。水野は三條実美からの新政府出仕の再三の呼びかけにも応じられないほどだった。

ちなみに、新政府の議定に筑前、筑後、肥後の佐幕派に徳川慶喜を再び擁立する計画を持ち掛けた鍋島直正（肥前佐賀藩主）がいる。これに対し、孝明天皇に近い立場にいた公卿、攘夷派の志士たちが強い不満を抱いていたのも確かだった。「東京大会議」で意見を集約するといいながら、どの藩に反政府分子が多いのかを探る意味もあったと考えられる。

久留米藩有馬家の終焉

明治二年（一八六九）一月二十日、薩摩、長州、土佐、肥前の四藩が、率先して版籍を奉還した。これは、徳川将軍家から藩として認められていた所領を朝廷（天皇）に返還するものだが、このことは朝廷への忠誠心を示す行為でもあった。雄藩の抜け駆けともいえる所業だが、久留米藩の有馬頼咸も二月七日には版籍を奉還した。ここに元和七年（一六二一）の初代藩主有馬《ありま》豊氏《とようじ》以来の有馬家による久留米藩統治が終焉したのだった。

この有馬家が領主として筑後久留米に入封した時、石高（米穀の生産高）は二十一万石だった。この石高だが、江戸時代の日本においての米は主食であると同時に貨幣の役割も果たしていた。一石は現代の計量数値に換算すると約百五十キロ（約百八十リットル）になり、石高が多いか少ないかが、その藩の経済力の指針となっていた。故に、日本全国の米が集荷された大坂には、貨幣の役割も果たす米の取引所である相場も立ったのだった。藩に所属する藩士の家格を示すものとして「三百石取り」という記述などを目にするが、これは武士の年俸を示す基準でもあった。しかし、毎年、毎年、順調に米が収穫できれば良いが、天候不順で米の収穫が満足にいかない年もある。そうなると、藩庁からの達しで減俸や返納という形での収入減となる。そのため、下級武士の家では、自作の畑を耕作し、内職に励むことになる。

ただ、対馬府中藩（長崎県）のように、実質の米の収穫高は三万三千石でありながら、十万石の家格を誇る大名家もあった。この差異は、対馬府中藩に認められた朝鮮貿易での収益高が米の石高に換算されて加味されていた事による。幕末、諸外国との交易に応じた日本だったが、諸藩がこぞって外国貿易で藩の収益を賄いたいと願うのは、致し方ない。天候によって収穫高が左右される米よりも、換金商品（蝋、和紙、水油、茶）を生産し輸出したほうが安定した運営が可能だからだ。この経済の問題は、江戸時代も現代も、何ら変わりはない。

終身禁固となった水野正名

山口藩脱退兵騒動に翻弄された久留米藩だったが、不満を抱く旧奇兵隊士らが大楽源太郎を頼ったことが始まりだ。明治三年（一八七〇）三月、山口藩庁は、奇兵隊士らを扇動しているとして大楽を捕縛の為に藩庁への出頭を命じた。しかし、出頭の途中、大楽は「便所に行く」と言って数人の門人らと姿をくらました。一行は瀬戸内海を渡り姫島（大分県国東半島沖）に渡り、さらに豊後鶴崎（大分県大分市）にいる旧知の熊本藩の高田源兵衛こと河上彦斎を頼った。ところが、河上の協力を得られないとして久留米藩へと潜伏したのだった。そして、事件の隠蔽を図る同志ともいうべき久留米藩士らに殺害されてしまった。この間、久留米藩大参事である水野正名は藩政改革、久留米藩開明派によって疲弊した藩財政の回復などに翻弄されていた。しかし、久留米藩難事件は武士階級だけではなく、庄屋、医師など、支配者側と被支配者側とが混在する反政府事件だけに、藩の大参事である水野は管理責任を問われたのだった。

水野自身、弾正台（検察）での取り調べを経ての判決に際し、切腹を覚悟していたという。それは、判決を受ける前、すべて白の装束に改めていたことからも判断できる。しかし、全責任を一身に引き受けた小河真文は斬首であり、水野は終身禁固という判決だった。それも、士族という身分を剥奪され、庶人（町人、農民身分）に落とされてのものだった。階級身分が存在しない現代では想像すらできないが、切腹は名誉を伴う死罪。しかし、斬首は極悪人を処刑する刑罰だった。

庶人に身分を落とされた水野は、司法省での判決後、縄で後ろ手に縛りあげられ、真冬でありながら裸足。切腹を覚悟で着用していた袴、羽織も庶人となった以上は身に着けることは許されなかった。出廷の際は小伝馬町の牢獄から司法省まで駕籠に乗って行ったが、その帰路は群集の好奇の視線を受けながら歩かされた。武士として生まれ、一時は新政府の頂点に立つ三條実美の側近であっただけに、これほどの屈辱はない。恥ずかしさのあまり、裸足でありながら冬の寒さも分からなかったのではと思う。あまりの情けない水野の姿に、群集に紛れ込んだ久留米の人と思しき人がすすり泣く姿があったと川島澄之助は記録している。「山口藩による久留米藩つぶし」と言い伝えられるのも、山口藩が脱退兵騒動を久留米藩に責任転嫁し、小河真文を斬首、大参事の水野正名を終身禁固に追い込んだからだ。嘉永の大獄で終身禁固を言い渡され十二年近くも禁獄。さらに、終身禁固の刑に服した水野は一年を経ずして病没してしまった。

その水野の指導を受けた川島澄之助としても、名誉回復となった水野正名を顕彰したいと考えるのは無理もない。水野の顕彰碑が立てられたのは昭和八年（一九三三）五月の事であり、川島は昭和十一年（一九三六）に死没した。ぎりぎり、恩義のある水野の顕彰碑を久留米城址に建てることができて、川島も安堵したことだろう。さらには、その顕彰碑の篆額が有馬家当主である有馬《ありま》頼寧《よりやす》であれば、これほどの名誉回復はない。

三　古松簡二

古松簡二は、儒医（儒者であり医者）の系譜の家に生まれ、将来は医者として嘱望されていた。江戸で安井息軒の塾にも学んだが、尊皇攘夷運動に身を投じた。遠くは水戸天狗党の決起にも参加し、諸国の志士と交わり、武士の政治を終わらせ、天皇親政の社会を構築することに奔走した。しかし、王政復古の世にはなったものの、古松が意図する新政府の姿とはかけ離れていたことから「第二維新」を唱えて再度の決起をと呼びかけた。しかし、事敗れ、終身禁獄の身となった。獄中で医療行為の傍ら同囚の若者たちに教育を施した。同囚の看病中に自身もコレラに罹患し獄中死したが、謀殺との疑いも遺されている。

水天宮の古松簡二の漢詩碑を読み解く

真木和泉守が宮司を務めた水天宮（福岡県久留米市）境内に「題自像」の漢詩碑がある。真木和泉守の銅像の背面に近い場所にあり、それが古松簡二の漢詩碑である。

題自像
狂乎真惟狂　老狂四十年
布衣憂天下　降替漫許身
論才非韓曰　豈智比張陳
読書破万巻　精微泣鬼神
正教奉神道　真理説民権
民権与神道　欲以興斯民
狂乎狂未悉　添迂称其真
雖然方今際　無比迂狂人

【意訳】
志は大きいものの、今は動きを封じられている。これはまさに狂としかいいようがない。大志

古松簡二の漢詩碑、水天宮の真木和泉守の銅像背後にある

を抱いて四十年。無位無官の私はひとり天下を憂うのみ。浮き沈みは世のならいとはいえ、わが身にふりかかるとは……。

いわゆる秦帝国の策士の韓非や張儀や陳軫の智慧と気安く比べてもらっては困る。膨大な書物を読み込み、精緻を極めつくしての誠実な言動なのだ。

その結果、神道を国教としての詔を奉って民権の真理を説く。民権は神道が与えてくれたものであり、それは民が欲することをもって興るのだ。

いまだ大きな志は達成できておらず、道は遠いが人はその真を称えるだろう。今、こんな境遇で行動が不自由だが、その志は比べようもなく大きいのだ。

この漢詩碑は、古松簡二が久留米藩難事件で終身禁獄の判決を受け、獄中にいる時に書いたものだが、明治八年（一八七五）頃のものと推察される。古松は吉田松陰のように獄中で同囚の人々に教育を施していた。その同囚の門弟には、明治十年（一八七七）の西南戦争で薩軍兵士として参戦し捕らえられた平岡浩太郎（玄洋社初代社長）もいた。変った門人としては、大久保利通の腹心である川路《かわじ》利良《としよし》がいる。警察官僚のトップである川路は、獄中の古松を師として崇拝していた。それほど、古松の学問の知識がずば抜けていたということになる。久留米藩難事件での刑期を終えたかつての同志たちは古松の解囚運動を始めた。しかし、獄中でのコレラ患者の治療中、自身もコレラに罹患して亡くなった。明治十五年（一八八二）六月十日のことだった。

ちなみに、福岡県筑後市の光讃寺山門脇にも古松が獄中で詠んだ碑がある。光讃寺には古松の実家の清水家の墓域があり、その一隅に古松の墓碑もある。

古松簡二の人物像

古松簡二は久留米藩難事件の中心人物でありながら、詳細な履歴を刻んだ顕彰碑が遺されているわけではない。事件関係者である川島澄之助が著した『久留米藩難記』からその思想を推測するしかない。古松についての履歴が少ないのは、ひとつに古松が本名の清水真卿を捨て、権藤真卿などの変名を名乗っていたことが影響している。この権藤真卿という変名だが、吉村昭の時代小説『天狗争乱』に登場する。天狗党の藤田小四郎（藤田東湖の子息）が水戸藩の内訌（内紛）に天狗党の軍勢を進めようとしたことに反対し、離脱する件に出てくる。一応、久留米藩士として描かれているが、変名であったことから古松簡二であるとは容易にはわからない。

　更に、久留米市内に遺る石碑をまとめた『久留米碑誌』には古松簡二が人名録に記録されてはいる。しかし、補足説明として名前が出てくるだけで、古松本人の履歴を示すものではない。ここに、武士階級と庄屋階級の身分的な扱いがあるのだろうかと訝る。故に、古松簡二だけに絞り込んでの人物像を知る手段としては、松竹洸哉氏が一九七四年（昭和四十九）から一九七六年（昭和五十一）にかけて『暗河《くらごう》』に寄稿された「古松簡二とその同志についての覚書」に頼るしかない。もしくは、『玄洋社社史』に記される玄洋社初代社長・平岡浩太郎の箇所だろうか。先述の通り、平岡は西南戦争で薩軍兵として従軍し、政府軍に捕まった後は東京の獄中にあった。その時、古松に学問の大事さを教わったという。どのようにして、古松が国事に関与するようになったのか。更には、九州の久留米から北関東の水戸藩にまで赴いて、天狗党の決起に参加したのか。地域的な歴史、人間関係も含めて述べていきたい。

古松簡二が国事に奔走した背景

　古松簡二は天保六年（一八三五）に筑後久留米藩領の下妻郡溝口村（現在の福岡県筑後市溝口）に医師清水潜龍の末男として生まれた。末男とはいえ、将来は父の医業を継ぐ立場でもあった。しかし、母の父は今村竹堂といって会輔堂という私塾を開く儒学者だった。いわば、儒医（儒学者であり医師）の家系といって良い。そこに生来の負けん気の強さが加わり、学問において他を圧倒しなければ気が済まない性格だった。すでに武士の時代の終焉が近づいており、武士階級以外からも優秀な人材を久留米藩は求めた。その才能を認められた古松は久留米藩校明善堂に学び、更に、医業を学ぶため熊本にも遊学した。ここで肥後熊本藩実学党の横井小楠の強い影響を受ける。多感な青年期の古松にとって、横井は仰ぎ見る大学者だったことだろう。大きな変革の時を迎え、青年たちが血気に逸るに十分な時代だった。

熊本遊学の後、古松は江戸（東京）の安井息軒《やすいそっけん》の門下生となる。同門には土佐出身の谷干城《たにたてき》（後の陸軍軍人）がいるが、同郷の友人には松浦八郎、池尻茂四郎がいる。松浦八郎とは、元治元年（一八六四）、真木和泉守が禁門の変で決起したが、それに同調して京都山崎で真木とともに自決した一人だ。池尻茂四郎は古松の母方の従兄弟であり、久留米藩儒学者である池尻葛覃《いけじりかったん》の養子でもあった。この池尻葛覃は真木和泉守の盟友の一人でもある。簡単にいえば、古松は医家の生まれながらも、思想的には真木和泉守の影響下にあったといえる。真木和泉守が約十年蟄居謹慎していた水田天満宮（福岡県筑後市）山梔窩（さんしか、くちなしのや）に近い場所に光讃寺がある。この寺に古松の墓碑があることを思えば、古松が真木を意識していたとしても何の不思議もない。

その古松も、激変する時代の波に抗えず、ついに文久三年（一八六三）には池尻嶽五郎（葛覃の実子）とともに脱藩し、国事に奔走した。そして、真木和泉守の上京（京都）に合わせるかのように起きた元治元年（一八六四）の藤田小四郎らによる筑波山決起に池尻嶽五郎、水田謙次とともに参加する。この時期に各地で起きた決起は、倒幕運動として、各地から揺さぶりをかける動

古松簡二を称える碑、光讃寺（福岡県筑後市）の古松簡二の墓所前にある

きだった。

しかし、藤田小四郎が水戸藩の内訌に天狗党の軍勢を差し向けるとしたことから、古松は真っ向から反対して天狗党から離脱。その後は各地を逃亡する身となった。この頃のエピソードとして、江戸潜伏中、山岡鉄舟の実母に匿ってもらったともいう。ところが、不審者として捕らえられ、およそ三年間、広島の獄に投じられた。明治二年（一八六九）、王政復古によって不審者の疑いが晴れ、釈放。同年十一月、どのような経緯があったのかは不明だが、古松は藩主の有馬頼咸とともに久留米に帰藩した。

久留米に帰藩後、古松は藩校明善堂の教員となった。同時に、小河真文と七生隊《しちせいたい》を編成。これは、応変隊とは異なる組織であり、結社に近い存在だった。藩校明善堂で教授しながら、古松は私塾を開いた。私塾といいながら、血気に逸る青年の集会所のようだった。

光讃寺門前に立つ古松簡二の顕彰碑

久留米藩に「征韓論」起きる

古松が久留米に帰った明治三年（一八七〇）頃、久留米藩では「征韓論」に沸き立っていた。「征韓論」といえば、明治六年（一八七三）の西郷隆盛、板垣退助らの征韓論に行きつく。しかし、西郷隆盛の評伝の一つにおいても「征韓論は早くから日本の朝野に沸き起こっていた。丸山作楽（島原出身、外務大丞）のごときは、義勇軍を募って暴発しようとしたが、明治四年三月、寸前に発覚して拘引され、禁獄を申しつけられた」（『西郷隆盛』安藤英男著）と述べる。

　結論から言えば、明治時代に入って最初に征韓論を唱えたのは久留米藩の佐田白芽《さだはくぼう》だった。明治元年（一八六八）、佐田は奥羽東征に参加して後、太政官弁事に「征韓論」を提出している。これは、維新後、最初に出された

「征韓論」といわれるが、明治二年（一八六九）にも「征韓論」を提出した。この年の十月、佐田は外務省出仕となり、修好条約締結交渉で朝鮮に渡った。明治三年（一八七〇）一月、朝鮮側から答弁書を取って帰国したが「態度が傲慢、要領を得ない」と憤慨。同年三月に三度目の「征韓論」を政府に提唱し、諸卿や有力者に説いて回った。この時、板垣退助は賛成し、樺太から戻った丸山作楽も賛成していた。しかし、「征韓論」は政府に受け入れられなかった事から憤慨し、久留米に帰郷。その後は、ただ、黙々と開墾事業に従事していた。

この佐田の「征韓論」の顚末を耳にしたのが、久留米藩知事であった有馬頼咸だった。「我が、久留米藩士を侮辱するとはケシカラン。貧乏朝鮮など、我が久留米藩で征伐してくれる」と息巻き、直ちに、朝鮮征伐の軍を整え、進発せよと命じた。これを受け、古松らは朝鮮征伐の準備として戦略戦術研究を始めた。古くは天智天皇の時代（六六三年）の「白村江の戦い」から文禄元年（一五九二）、慶長二年（一五九七）の豊臣秀吉の「朝鮮征伐」に至るまでを調べつくした。久留米藩難事件後、押収された久留米藩の武器弾薬の総量をみても、朝鮮征伐に向けての軍備が本格的な陣容であったことが見て取れる。

・小銃、拳銃　二七〇〇丁
・大砲　四十一門
・小銃弾　七〇万発

・砲弾　　四〇〇〇発
・正規軍　一大隊（六小隊、三七二名）
・銃隊　五大隊（一大隊　三六四名）
・砲隊　三座（一座　四十八名、砲六門）
・農兵　八大隊
・市民兵　二大隊（一大隊　三六四名）
これとは別に、久留米藩は七隻の軍艦を保有していた。

ただし、この久留米藩による朝鮮征伐は、明治四年（一八七一）の「久留米藩難事件」によって歴史から消滅した。日本でも五本の指に入る海軍を有する久留米藩からすれば、朝鮮一国など、容易に制圧できると見ていたようだ。現在も歴史年表には「征韓論で西郷隆盛が下野」と記されるのみ。薩摩藩出身の横山正太郎の「遺韓論」をもって、西郷は「遺韓論」者だと主張する向きがあるが、久留米藩では横山の論は意味が異なると言っている。

後に、佐田は明治七年（一八七四）の「征台論」が起きると上京し、政府の三条実美、岩倉具視《いわくらともみ》を歴訪し、自説を主張して回った。佐田は、明治八年（一八七五）に『征韓評論』を著し、明治三十六年（一九〇三）には『征韓評論の回夢談』を著した。

これら、一連の佐田の主張を振り返ると、西郷の「征韓論」は薩軍を討伐するための大義名分としてレッテルを貼りつけられたに過ぎない。薩軍にしても、「征韓論」を主張すれば公明正大に軍備の準備を図る事ができるからだ。久留米藩においても「征韓論」が沸き起こりながら、実際には朝鮮には赴いていない。反政府行動の「久留米藩難事件」が起きたことを振り返ると、「征韓論」を口実に軍事研究、軍備の準備をするためではなかったかと考える。

藩政改革の裏側で

明治二年（一八六九）六月、久留米藩主の有馬頼咸に戊辰戦争での久留米藩の功績に対し、朝廷（新政府）から一万石が下賜された。このことで、佐幕派（幕府支持）と見られていた久留米藩も朝廷を支持する勤皇の藩とみなされた。

しかし、この年の六月、新政府は全国の諸藩に対し、石高一万石に対し、二千五百両の官札（新政府の紙幣）を割り当て、従前の正金（幕府が統一通貨としていた金銀銅の貨幣）と交換するようにとの命令を発した。石高二十一万石余の久留米藩は五万五千両の正金を新政府に納めなければならなかった。新政府に忠誠を誓っただけでは、物事は簡単に済まなかったのだ。ある意味、新政府に対する上納金ともいうべきものだが、久留米藩はまだマシな方だった。東北の盛岡藩二十万石、庄内藩十七万石には七十万両の上納金が申し渡された。これは官軍（政府）に反発した懲罰の意味があるのだろう。この政府の命令に対し盛岡藩は五万両を納め、無い袖は振れないとして残りは藩領の土地を物納にした。庄内藩は三十万両で事を納めた。

このような上納金のしわ寄せは、いつの時代も領民に押し寄せる。領民の不満は庄屋に上がる。とりわけ、久留米藩は佐幕開明派による経済政策によって、輸出用の水油（菜種油）の生産高が制限された。しかし、これは農民にとって大打撃になる。菜種は油を採取するだけではなく、その油粕が田畑の肥料に用いられるからだ。市場価格によって生産減少を命じられる農民にとって、二重三重の苦労が積み重なる。そこに、貨幣の統一を急ぐ新政府によって、更なる追い打ちをかけられる形となった。

幕末、全国の諸藩は倒幕戦争においての軍備増強、出兵費用を贋金鋳造で賄っていた。天保銭の贋金、金や銀の含有量のごまかし、金メッキなど、あの手この手で贋金を作った。それらが国内だけの流通であれば、大坂の両替商での貨幣の相場処理で事は済んだ。しかし、外国貿易において諸外国から政府に苦情が集中したことから信用問題に発展したのだ。

この新政府への上納金では、福岡藩での贋札事件が有名だ。政府発行の太政官札のニセ札を印刷し、そのニセ札で物産を購入し、売却して正金を得るという事件だった。明治三年（一八七〇）七月、この贋札事件が発覚し、福岡藩は藩知事交代（改易）にまで及んだ。

久留米藩の大参事に就任した水野正名は久留米藩難事件では、暴発する藩士、領民に対し策も無く傍観していたといわれる。しかし、佐幕開明派による産業構造の後始末、明治新政府が繰り出す経済政策や土地への課税などの無理難題に対処するため、その対応に忙殺されていたと見てよい。

そこに不満分子の集団である山口藩（旧長州藩）の脱退兵や大楽源太郎が久留米藩に潜入して反政府の決起を促せば、士族も領民も不満を爆発させない方が不思議だ。

反政府事件の始まり

明治二年（一八六九）十一月、久留米藩では「東京大会議」での様子を基にした檄文が飛んだ。応変隊、前駆隊、日新隊、干城隊、演武隊、虎賁隊、欽承隊、殉国隊、山銃（筒）隊など諸隊の隊長あての回覧だった。回覧文を起草した者は不明ながら、古松簡二であろうといわれている。その内容は新政府に対する激しい不満が綴られている。この新政府に対する不満は久留米藩単独というよりも、全国の不平士族、特に尊皇攘夷派士族の共通のものとして古松が書いたのではないだろうか。

次に、簡略に示してみる。

一、皇国といいながら、半主国（半主権国家）である。これは独立国と属国の中間で、奸臣が極秘事項を外国に漏らしている。それは借金（債権）の見返りである。

二、開港地、例えば横浜には三千人の外国の兵隊が駐屯している。このことは西洋の法律の範疇というが、承知しかねる。

三、外国人が馬車で（東京）市中を自由に走り回っている。

四、イギリスの皇子が参内する際、三條実美が馬車に同乗している。辻々には、日本の兵隊が警備に立ち、天皇陛下の巡幸と同じ体制にするとはどういうことか。

五、天下の政府といいながら、大久保（利通）参議を筆頭に、その七割から八割を薩摩閥が握っているとはどういうことか。薩摩閥以外の参議には魯鈍の廣澤真臣、浅露の副島種臣、問題外の前原一誠がいる。全て、大久保が使いやすい者ばかり。

六、西京（京都）の留守官は岩下佐次だが、これも薩摩閥。

七、兵庫（神戸）、神奈川（横浜）の知事は薩摩閥、長崎、大坂の参事も薩摩閥。開港地には凡て薩摩閥。

八、弾正台（検察）にも薩摩閥の吉井幸輔がいる。

九、小松帯刀は会計（交易）の権限を掌握にかかったが、西郷（隆盛）を兵部省に据えるつもりか。

十、西郷（隆盛）は、朝命（朝廷）から正三位をいただきながら辞退した。参政、兵部大輔になるのか。

十一、会計、兵部、全て薩摩閥が握れば、日本は薩摩国にしなければならない。

十二、長州藩の人間は小粒で大バカ者、国論は一致せず、薩摩に振り回されている。

十三、薩摩とイギリスは深い仲だ。薩摩がイギリスから借りた借金はそのまま。交易の件は幕府時代はフランスが握っていたが、維新後はイギリスがあり、イギリスの要望に応えたもの。天下が薩摩に渡ってしまえば、必ず、イギリスに日本の国土を割譲するぞ。

本来の倒幕維新の目的は、幕府が独占する外国交易の権限を取り戻し、公平性をもたらすことにあり、無暗に開港地を増やさずに国内経済の混乱を避けるというものだった。更には、諸外国と締結した不平等条約の見直しを図ることだったが、維新といいながら、幕府が新政府に入れ替わっただけで、何も変化はない。どころか、薩摩閥がありとあらゆる重要な部署を掌握しており、一夜にして日本国が薩摩国になったも同然との批判だった。尊皇攘夷派公卿の三條実美が、強気に諸外国と交渉するものと思っていたら、「諸外国とは親しく交際をしなければならない」と言ったので、これは倒幕から戊辰戦争を戦った諸藩の志士からすれば重大な裏切り行為だった。ならば、維新のやり直し、第二維新をと諸藩の志士が声をあげるのも無理はなかった。キリスト教を容認する横井小楠、急速に西洋の制度に変革を進める大村益次郎は、攘夷派志士にとって格好の見せしめ（暗殺）の標的だった。

反政府行動の矛を収める

明治三年（一八七〇）七月、古松簡二は川島澄之助、佐藤喜久次らを豊後鶴崎の高田源兵衛こと河上彦斎《かわかみげんさい》のもとにやり、河上の決起の意志の確認をさせた。河上は情勢判断の上、決起の可能性は無い事を暗に示した。その意を受け、古松は次の対応策を考えていた。それは、久留米藩領内に潜伏中の大楽源太郎を始めとして、脱退兵たちの助命嘆願だった。

しかし、この年の十一月、豊後日田において一万人規模の百姓一揆が起きたことから、長州藩の山縣有朋は木戸孝允と、この百姓一揆は大楽ら脱退兵たちが扇動したと見ていた。その実、百姓一揆の鎮圧を口実に久留米藩領内に潜伏している脱退兵らを根こそぎ捕縛しようとの策略である。しかしながら、百姓一揆というものは、よそ者が扇動したからといって起きるものではない。積もり積もった永年の、為政者に対する反抗から起きるものだからだ。

新政府としても、この百姓一揆から武士の反乱が起きることを懸念していた節があり、木戸孝允などは「熊本と久留米が危険」と見ていた。更には、この不満が他所に伝播することを危険視した山縣は西郷隆盛の新政府への参画を促した。西郷が容易に承諾しないと見て取った山縣は、勅命（天皇陛下の指示）として西郷を引き出したのである。薩長土による御親兵を結成するにあたり、やはり、西郷の存在は無視できない。しかしながら、御親兵という名目で久留米藩に潜伏中の脱退兵を包囲するための兵を集めていたのではと思える。この西郷の新政府への出仕を久留米藩では「裏切り」と見る者もいた。

そして、この年の十二月、もっとも長州藩に反発心を抱いていた青蓮院宮《しょうれんいんのみや》（中川宮）が京都で謹慎処分となった。青蓮院宮が何やら反政府の核心の人物として察知したからのようだ。幕末、孝明天皇の意を受け、尊皇攘夷派の長州藩を薩摩、会津の両藩で追放した陰の立役者である。長州藩とすれば恨み骨髄の公卿だが、反対に青蓮宮からすれば、君側の奸として長州藩を見ていたのだった。

ちなみに、後年、青蓮院宮が関係する「宮中某重大事件」が起きるが、この事件では長州閥の山縣有朋が皇太子（昭和天皇）の御婚約発表が済んでいたものをひっくり返した。穿った見方をすれば、この宮中某重大事件の萌芽は、幕末の頃から始まっていたのだった。

明治四年（一八七一）一月九日、廣澤真臣が何者かに暗殺された。この事件は、久留米藩の仕業として木戸孝允が言いふらした。徐々に、久留米藩を賊として包囲する段取りが進められていったのである。古松簡二の考える脱退兵の助命嘆願など、木戸からすれば「甘い」考えでしかなかった。かつて、古松は提唱する大坂遷都論で木戸と対立したが、毛一筋でも反発する者は徹底的に弾圧する木戸である。目の上のタンコブである河上彦斎（高田源兵衛）同様、木戸が闇に葬り去りたい相手が古松だった。

四　大楽源太郎

大楽源太郎は維新に際し、現実主義の高杉晋作に対し、原理主義ともいえる道を選んだ。安政の大獄では萩の獄に投じられもし、高杉と尊皇攘夷で奔走もした。しかし、高杉が欧米列強の四国艦隊と和議を結んだことに失望し、活動から離反してしまった。私塾の西山書屋（山口県防府市）で旧奇兵隊士ら門人に教育を施していたが、山口藩（長州藩）の脱退兵扇動の首謀者として山口藩庁に追われる身となった。豊後姫島、豊後鶴崎、竹田（大分県竹田市）、日田を経て久留米に潜入したものの、久留米藩勤皇派に殺害された。

発心公園《ほっしんこうえん》の大楽源太郎漢詩碑を読み解く

車馬匆々行路難
不知何駅過重陽
愛花情動疎籬菊
折挿佩刀一日香

【意訳】
車馬は慌ただしく悪路を行く
重陽の頃、どこの宿場駅なのかも知らず
ふと、雛菊に心惹かれて摘んだが
刀に差したその一輪は香を一日放っていた

発心公園《ほっしんこうえん》は、福岡県久留米市草野町にある。旧藩時代は藩主の桜見物の場として知られる。古

大楽源太郎が詠んだ漢詩碑、発心公園にある（久留米市提供）

くは日本三大合戦の一つ「大保原《おおほばる》の戦い」の合戦場を見晴らす場所にある。その公園の一画に昭和二十九年（一九五四）十月二十三日、草野信用組合が立てた大楽源太郎の漢詩碑がある。しかし、案内の看板があるわけでもなく、更に経年劣化で判読しづらく、それが大楽の漢詩碑であるとは容易に判別できない。

漢詩碑の説明を掲載する『久留米碑誌』には、医師の石橋六郎、医師の武田禎助（アジア主義者武田範之の養父）、柳瀬三郎らと酒を酌み交わしたと出ている。この大楽の漢詩は武田の家に遺されていたものという。「重陽の頃」とのことから、時は明治三年（一八七〇）十月十日頃と思われる。徐々に政府の探索が久留米に及び始めた頃だが、まだ、少しは余裕のある時期だった。しかし、この後、一緒に酒を飲んだ柳瀬三郎らによって殺害されるとは、この時の大楽源太郎は予想もしなかったのではないか。

奇兵隊の創設と反乱

大楽源太郎が久留米に潜伏するようになった背景には、高杉晋作の奇兵隊との関係は外せない。奇兵隊は長州藩の高杉晋作が文久三年（一八六三）六月に創設した戦闘部隊だ。世禄の者（先祖からの禄を相続する武士）では役に立たないとして、高杉は厄介者といわれた下級武士の次男、三男や処罰を受けた島帰り（遠島）、農民や商人からなる私兵ともいうべき部隊を編成した。いわば、身分を問わない戦闘集団である。この高杉の奇兵隊創設を見て、長州藩には遊撃隊など出自が様々な部隊、いわゆる諸隊が結成された。

封建的身分制度を無視した奇兵隊などの諸隊は長州藩正規軍からすれば、疎ましい存在である。それでも、慶応四年、明治元年（一八六八）から始まった戊辰戦争（十干十二支で五番目の戊辰の年に起きた戦争という意味）では、この奇兵隊や諸隊の活躍はめざましかった。英国歩兵式の銃陣を組んでの戦闘は、旧幕府軍にとって手ごわい存在であり、従前、厄介者であった奇兵隊士らにとって、活躍、出世の機会が戊辰戦争だった。中には被差別部落出身者だけの部隊もあり、日常の鬱屈した気持ちを存分に戦場で晴らすこともできた。

戊辰戦争は近代兵器に勝る官軍の勝利で幕を閉じた。その官軍の中核を成すのは、薩摩藩、長州藩だったが、それぞれの藩に朝廷からは賞典禄（恩賞）として十万石が下賜された。通常、戦闘に参戦した兵士には恩賞が分配される。しかし、長州藩では戦死した遺族に金三両の弔慰金を渡しただけだった。恩賞を要求する奇兵隊士らに対し、長州藩の役人は「武士が恩賞を求めるとはみっともない」と、この時だけは「武士」身分を強調するのだった。

ところが、この長州藩は慶応二年（一八六六）の豊長戦争（豊前小倉藩と長州藩との戦争、四境戦争とも）によって、旧小倉藩の企救郡（現在の北九州市門司区、小倉北区、小倉南区など）、浜田藩領（現在の島根県浜田市）を占領し、長州藩領に組み込んでいた。この戦争によって獲得した領土からの年貢は長州藩のものである。こういった占領地からの年貢によって長州藩は兵員の給与などを賄ってもいた。しかし、王政復古の世になり、占領地は朝廷に返納しなければならない。そこで、長州藩は占領地の年貢分に相当する正規兵二千名余を選抜し、朝廷への御親兵として献納することにした。この選抜された二千名のほとんどは旧士族であり、いわば、有事から平時に移行するにあたり、体の良い雇用契約を朝廷と結んだのである。しかし、選抜に漏れた奇兵隊や諸隊に対しては、恩賞も何も無かった。どこにでも勝手に帰れといわれても、下級武士の次男、三男に仕官する先は無い。農兵に耕す田や畑は無い。町人には継ぐべき家業も無い。用済みとして奇兵隊や諸隊は解散せよと命じられても、藩庁の道理に従うはずも無い。生命を賭して戦場を駆け巡った奇兵隊士らに、鬱屈した不満が充満しないはずはない。

そこで、解散を命じられた奇兵隊士らは藩庁へ一時金の支給を求めて山口に向かった。「武士が恩賞を自ら求めるとは忠義に欠ける」と説得を試みる長州藩士もいたが、永年、長州藩の禄をいただいて生活してきたわけではなく、逆に、年貢を供出し武士を養ってきた階級に忠義の道理が通用するわけもない。烏合の衆と化した奇兵隊士らは、数を増し、その数は二千人とも三千人とも伝わる。いわば、百姓一揆に等しく、数をたのんでの交渉だった。

この奇兵隊士たちを説得するため、木戸孝允（桂小五郎）や井上馨らが帰郷するが、まったく手に負えない。木戸は小郡（山口県小郡市）に、井上は長府（山口県防府市）にと逃げ去った。この奇兵隊士らの反乱を知った長州藩の前原一誠は手勢の干城隊を率いて鎮圧にあたると息巻いた。しかし、逆に火に油を注ぐとして、三條実美の説得で見合わせたという。明治九年（一八七六）、前原一誠らは反政府行動の「萩の乱」を起こすが、すでに、この時点で新政府に対する不満を抱いていたものと思われる。

結果的に、この長州藩の奇兵隊士らは木戸孝允が指揮する政府軍によって鎮圧された。木戸は「尾大《びだい》の弊《へい》」（尻尾ばかりが大きくなっては組織の害になる）として、かつての戦友たちを「官に弓引く賊」として討伐した。この内戦で木戸が指揮する討伐軍の死者二十人、奇兵隊側は六十人と伝わる。その他、奇兵隊士ら百三十三人が賊として柊《ひいらぎ》刑場（山口県山口市）で処刑された。斬首された者たちの遺体は空堀に投げ込まれ、葬儀も何もなく、上から土をかぶせて埋められただけだった。戊辰戦争で勇敢な戦いを繰り広げた奇兵隊士らといえども、所詮、身分の低い雑兵《ぞうひょう》であり、百姓一揆と同じ反乱者として討伐されたのだ。維新の理想である「一君万民・四民平等」など、長州藩の木戸、井上らの脳裏にはその欠片すら存在しなかった。

蛇足ながら、脱退した奇兵隊士らは、その後、瀬戸内海で海賊行為を働いていたとも伝わる。

「隊中様」と崇められる賊

現代、奇兵隊士や諸隊の反抗は「脱退兵騒動」と呼ばれる。明治二年（一八六九）十一月に起き、翌年の二月に終結した。捕らえられ処刑された者もいるが、この騒動の最中に倒れた者もいる。その一人に振武隊に所属していた藤山佐熊《ふじやますけくま》がいる。その藤山は「隊中様」として今も地域の方々に崇められている。藤山の墓参をすると病気が治ると噂が広まり、参拝者があとを絶たなかった。反権力の象徴として藤山への信仰が広まる事を懸念した山口県庁（旧長州藩）が参拝を禁じたが、民衆の参拝は続いた。ある意味、権力による庶民弾圧への僅かばかりの抵抗が「隊中様」参りだったのだ。

この脱退兵に対する権力への反発は「隊中様」だけではない。奇兵隊士や諸隊の遺族によって、戊辰戦争での章典の回復を求める法廷闘争が明治四十三年（一九一〇）まで続いたのである。生命がけで過酷な戦場に飛び込んだ者に恩賞も無く、賊扱いされることに遺族は我慢がならない。どれほど「尾大」として木戸から蔑まされようとも、社会底辺の「地べた」に生きる者としても、意地があるのだ。

本来、奇兵隊や諸隊の処遇を処理しなければならないのは、奇兵隊の軍監であった山縣有朋である。しかし、山縣は明治二年六月から欧州への視察に向かった。木戸、井上馨に遅れまいと、新政府における権力奪取に向けての洋行だったのだろう。その山縣が帰国したのは翌明治三年八月二日のことだった。奇兵隊士らの暴発が起きることを予見しての欧州視察旅行であるならば、なおさら性格が悪い。それもこれも、朝廷からの褒賞である十万石を、長州藩の役人たちが私物化したことが背景にある。更にこの頃、山縣もどこから資金を調達したのか、最初の別荘「無隣庵」を手にしている。

長州出身の三浦梧楼（観樹、陸軍中将、朝鮮公使）の自叙伝『観樹将軍回顧録』によれば、明治二十四年（一八九二）、処刑後に空堀に埋められた脱退兵の改葬が行われた。「脱退諸士招魂碑」として慰霊碑が建立され、賊扱いにされた脱退兵の遺族も少しは名誉を回復できたのではないか。三浦は、生き残っていた奇兵隊士らを東京に招き、その労をねぎらったが、そのことが新聞記事になり首相の原敬が旧奇兵隊士らを自邸に招いてもいる。しかし、山縣有朋だけは、一片の反応も示さなかったという。

尚、この「脱退諸士招魂碑」は豊後日田（大分県日田市）咸宜園《かんぎえん》・廣瀬淡窓の門弟であった長《ちょう》三洲《さんしゅう》の撰文、手跡という。長三洲は奇兵隊士として闘い、一時は赤根武人と共に生命を狙われ筑前勤皇党の伊丹慎一郎の庇護を受けたこともあった。維新後、木戸孝允の引き立てを受け、文部省官吏となった人だ。

赤根武人の斬殺

この奇兵隊の騒動は、幕末にも起きていた。それが奇兵隊総督・赤根武人（赤禰とも）の処刑である。赤根は天保九年（一八三八）一月十五日、周防柱島（山口県岩国市）の医師の息子として誕生した。将来、医師としての勉学に励まなければならない立場だったが、十五歳の時、海防僧と呼ばれた月性《げっしょう》に学んだ。「男児志を立てて郷関を出づ　学若《も》し成る無くんば復還《また》らず」と詠んだ海防僧月性の「男児立志」の漢詩は著名だ。月性は「げっしょう」と呼ぶことから、この「男児立志」の漢詩を京都清水寺の勤皇僧月照《げっしょう》が詠んだと勘違いした人物もいる。月性は「清狂草堂」（山口県柳井市）という私塾を開いていたが、ここで赤根は学んだのである。

赤根は「清狂草堂」の次に、浦靱負《うらゆきえ》の「克己堂」に学び、月性とも親交があった萩の吉田松陰の「松下村塾」でも学んだ。吉田松陰、「松下村塾」といえば、松陰に熱く『靖献遺言』を説いた梅田雲浜《うめだうんぴん》がいる。赤根はこの梅田雲浜にも師事したが、松陰の信頼も篤く、自然に高杉晋作とも懇意になり、文久二年（一八六二）、高杉とともに英国公使館焼き討ち事件に関与する。翌文久三年、高杉が奇兵隊を創設すると直ちに参画。高杉が総督を辞した後、同年十月、三代目の奇兵隊総督に就任した。この時、配下の軍監にいたのが山縣有朋だった。身分差を問わない奇兵隊といえども、下級武士出身の山縣は医家出身の赤根に差配されるのを嫌っていたようだ。

元治元年（一八六四）八月、英米仏蘭の四国連合艦隊と馬関で闘うが、早々に、長州藩は高杉を前面に立てての和議となった。高杉は長州藩佐幕派（保守派）に生命を狙われ、筑前勤皇党の中村円太の手引きで筑前福岡藩に逃亡した。この間、赤根は藩内の対立を良しとせず、藩内和平でまとめるべく奔走したという。しかし、筑前福岡藩から戻ってきた高杉は決起を主張し、赤根は高杉の決起を時期尚早として参加しなかった。このことで赤根は高杉と対立し、長三洲（豊後日田出身の奇兵隊士）とともに、伊丹慎一郎（筑前勤皇党）を頼って筑前福岡藩に逃亡した。

赤根を匿った筑前勤皇党は早くから「薩長和解」を進めていたが、赤根も同じ考えだった。慶応元年（一八六五）三月、赤根は京都にいる西郷隆盛に「薩長和解」の相談で上京。そこで、幕吏に捕まった。赤根は長州との一戦を回避したい幕府の意向を受け長州に帰るが、幕府との決戦を進める長州藩との意見の乖離から、山口の鰐石河原《わにいしかわら》（山口県山口市）で処刑された。

明治四十五年（一九一二）、贈位という形で赤根の名誉回復が図られた。しかし、山縣有朋が「下関戦争で、奇兵隊総督でありながら逃げ去った」として贈位の話を却下してしまった。この山縣の反論に、暗い悪意を感じるとの説もある。

大楽源太郎の脱走

明治二年（一八六九）十二月、脱退した兵隊たちは防府天満宮（山口県防府市）に集まり気勢を上げた。この時、防府天満宮に近い位置に、西山書屋という私塾を構える大楽源太郎がいた。大楽は眼疾から攘夷運動の一線を退いたが、高杉の現実路線に失望したのかもしれない。この頃、門弟相手に学問を説いていたが、そこに、脱退兵たちが参集し、窮状を訴える。一時は、高杉晋作の奇兵隊に呼応し忠憤隊を組織して参戦しただけに、彼らの立場はよくわかる。命懸けの戦いを制して帰還し、恩賞も何もない事々に大楽は義憤に燃えた。この時、アジ演説のひとつもぶったかもしれない。脱退兵たちは藩庁に通じる道を封鎖し、糧食の道を断つ作戦にでた。そこに百姓一揆も加わり、長州藩は内側から崩壊寸前だった。

この大楽は天保三年（一八三二）生まれだが、赤根武人と同じく、海防僧月性の薫陶を受けた。安政二年（一八五五）、豊後日田の咸宜園で広瀬淡窓に学んだ。大楽がこの咸宜園に学ぶきっかけは、広瀬淡窓の親友である筑後久留米の権藤延陵（医師）の嫡子権藤松窓と月性とが親交があったからだ。あの大村益次郎も咸宜園に学んだことから、筑後久留米を含む北部九州の人々と長州との交友は早くからあった事が見えてくる。更には、奇兵隊に身を投じた長三洲も広瀬淡窓の塾に学んだ後、淡窓の弟である廣瀬旭荘の大坂での塾で都講（塾頭）を務めた。筑前福岡藩の藩校甘棠館《かんとうかん》館主の亀井南冥《かめいなんめい》から派生し、豊後日田の咸宜園、筑後久留米の権藤延陵（医師）と、学問における同門の人的ネットワークができていたのだ。長州藩に追われる大楽が逃げ込んだ熊本藩領豊後鶴崎の儒者毛利空桑《もうりくうそう》も亀井南冥の息子の亀井昭陽《しょうよう》と親交があった。昭陽が刺客に取り囲まれた際、空桑が膝を深く折る独特の剣の構えをしたところ、すぐさま刺客が逃げ去ったという逸話も遺っている。これは「人斬り彦斎《げんさい》」の異名をとった河上彦斎の逆袈裟斬りの姿勢だが、毛利を「人斬り彦斎」と人違いしたのかもしれない。

淡窓の死去後、大楽は上京し、頼三樹三郎、梅田雲浜との親交を求めたが、水戸藩にまでその人的関心は及んだ。しかし、安政五年（一八五八）の「安政の大獄」では梅田雲浜らとの交友を疑われ、大楽は萩の獄に投じられた。その後、高杉晋作と意気投合し、尊皇攘夷運動に奔走。慶応元年（一八六五）の高杉の馬関（下関）挙兵では忠慎隊を組織して参戦もした。しかし、後に、高杉との意見が合わず、病気と称して西山書屋（山口県防府市）という私塾を開き、ここで、集まってくる諸隊の志士たちに学問を説いていたのだった。

しかし、いつしか脱退兵騒動の首謀者に仕立て上げられ、大村益次郎暗殺を教唆《きょうさ》したとまでいわれた。確かに、大楽の門弟の一人が大村襲撃犯だが、咸宜園同門の大村を大楽が教唆するとは思えない。大楽の門弟の一人である寺内正毅《てらうちまさたけ》などは、襲撃後の大村を搬送する役目を負っていた。大楽の教唆であれば、寺内は大村のとどめを刺す絶好の機会を逸したことになる。絵師の冷泉為恭を刺殺したことが、無用な嫌疑を招いたのではないだろうか。

ちなみに、豊長戦争の際、奇兵隊士らは小倉藩校思永館の蔵書を略奪して帰還した。今も「思永館」「奇兵隊」の印が押印され、山口県の所有物になっている蔵書があるという。大楽の私塾西山書屋の蔵書に紛れ込んではいないだろうかと思いを巡らせた。

久留米に潜伏する大楽源太郎

明治三年（一八七〇）三月五日、大村益次郎襲撃、諸隊の脱退兵を扇動したとの嫌疑で大楽源太郎は山口藩庁（長州藩）から出頭命令を受けた。しかし、嫌疑とは名ばかり、身の危険を感じた大楽は豊後姫島（大分県東国東郡姫島村）へと逃亡し、続いて豊後鶴崎（大分県大分市鶴崎）の高田源兵衛こと河上彦斎《かわかみげんさい》、毛利空桑《もうりくうそう》の有終館に身を寄せた。その後、竹田（大分県竹田市）、日田（大分県日田市）、秋には久留米（福岡県久留米市）へと逃走した。

大楽は人々が武器を手にして戦うという構想を持っていた。これは、高杉晋作の奇兵隊、後の国民皆兵にもつながる考えだ。廣瀬淡窓も『迂言』において「農兵論」を記しているところを見ると、時代の趨勢として封建的身分制度に対する反発、海防に関する意識の高まりの共時性があったことが見えてくる。

大村益次郎に遅れる事十二年、大楽も安政二年（一八五五）豊後日田の咸宜園に入塾し、廣瀬淡窓に学んだ。実力を競い合う咸宜園において大楽は塾頭にまでなっている。筑後久留米地区から咸宜園への入塾者累計は五五六人であり、咸宜園の再興に尽くしたのは権藤延陵の三男である権藤松門（直）だった。咸宜園が、いかに筑後久留米の人々の崇敬を集めていたかがわかる。同時に、筑後川を媒介に久留米と豊後日田との間に人や物、金銭の往来が盛んであったことの証拠だろう。

文政元年（一八一八）十一月八日、廣瀬の私邸を頼山陽が訪ねた。この廣瀬と頼の親交もあってか、大楽の交友関係は山陽の子息である頼三樹三郎へと広がっていた。更には、安政五年（一八五八）の「安政の大獄」でいち早く捕縛された梅田雲浜とも親交があった。この交友関係を疑われ、大楽も幕吏に捕まり長州萩の獄舎へと送られている。

慶応二年（一八六六）、長州藩と四国艦隊（英米仏蘭の連合）との戦いでは、高杉が四国艦隊と和議を結んだことから離反。相手がどれほどのものであれ、徹底抗戦するのが尊皇攘夷であると固く信じる大楽と、臨機応変に対応する高杉との思想の違いだった。

しかし、明治二年（一八六九）、突如、奇兵隊や諸隊の反乱である「脱退兵騒動」の扇動者にされてしまった。この「脱退兵騒動」は、明治三年（一八七〇）一月二十六日、馬関（下関）から木戸孝允が兵員九百を率いて鎮圧し、脱退兵らは二月九日から十二日にかけ処刑されてしまった。

先述の通り、大楽は大村益次郎襲撃教唆、諸隊の脱退兵を扇動したとの嫌疑で山口藩庁から出頭命令を受けた。その出頭の途中、「厠に行ってくる」と言って、逃亡。有無もなく、赤根武人の如く処刑されると察したからだった。

日田百姓一揆の真相

大楽源太郎は豊後を経て筑後久留米へと入った。このことからか、この頃、豊後日田で起きた百姓一揆を大楽や脱退兵らが煽ったという話が遺されている。しかし、『久留米藩難記』を書き遺した川島澄之助は、この百姓一揆が鎮圧された後、一帯を歩いて調査をしている。結果、長州の大楽や脱退兵らが百姓一揆を煽ったという話は無いと書きのこしている。脱退兵騒動と百姓一揆が起きた時期が重なったため、大楽が脱退兵騒動同様、百姓一揆も煽ったと決めつけた向きがある。むしろ、大楽を捕縛したい木戸孝允からすれば、百姓一揆を煽ったのが大楽であった方が好都合だった。

この日田百姓一揆は、明治三年（一八七〇）十一月十七日、五馬市《いつまいち》（大分県日田市天瀬町五馬市）での農民集会が発端となっている。その集会の現場である金凝神社《かなこりじんじゃ》にはペンキで事件について記されたトタン看板が遺っていた。しかし、雨露にさらされ、どうにか文字を判読できる程度で、事件の発端となる背景はわからない。そこで、昭和四十年（一九五七）発行の「天瀬町史」を調べてみると、事件勃発の七つの要因が記されていた。

一、旧幕時代の身分制度が撤廃され、四民平等となって百姓、町人を抑圧する者がなくなった。
二、庄屋は上納米を取り立て夫役を使用して富有（富裕）になったと考え、表面は従順を装うておっても内心では、これを憎んでいた。
三、富有者は労働もせず小作料で暮らしている。
四、新政府になったから負担は軽減されると思った、農民の負担は一層重くなった。
五、人間の本能とも見るべき建設と破壊の思想のバランスが乱れて破壊思想が勝っていた。
六、相つぐ兇作（凶作）で百姓一揆でも起こしたくなっていた。
七、私情による恨みを晴らす時期を待っていたものもあった。

この百姓一揆では、農民二人が斬罪、三人が罪の程度に応じた徒刑となっている。大楽源太郎の反政府陰謀事件と交錯したとの記述があることから、現場では相当な混乱状態であったことが理解できる。

七番目の私情による恨みを晴らすというのは、延享三年（一七六四）の幕府の日田代官・岡田庄太夫による過酷な年貢取り立てだ。窮状改善を訴えた庄屋の穴井六郎右衛門らを獄門にした権力（幕府）への恨みと考えられる。日田百姓一揆の原因を大楽源太郎による扇動と押し付けるのは、「地べた」に生きる者の本質を知らないからである。

尚、この百姓一揆の現場である金凝神社《かなこりじんじゃ》だが、金《きん》を凝《こ》す神社（金鉱石から金を取りだす）を表すと考えられる。肥後熊本の金栗《かなくり》という苗字も、この金凝《かなこり》がなまったものともいわれる。金凝神社近くの玖珠川では砂金がとれたともいう。日田といえば鯛生金山が有名だが、筑後久留米藩管理の星野金山（福岡県八女市星野村）と鉱脈が同じだ。大分県には大小さまざま五十五の金鉱山があったと言われる。この一帯にも金鉱山があったのだろう。

ちなみに、金凝神社は筆者の本家の東側に位置している。神社の玉垣と石碑に曽祖父の浦辺作市の名前を見つけた。五馬市という地名が示す通り、馬の市が開かれる地区で農業の傍ら馬や牛を使っての運送業をしていたという。曽祖父を知る父、叔母たちの話では、金銭管理に極めて厳しい曽祖父であったという。曽祖父の金銭管理の厳しさは、幕府天領時代の年貢の取り立てが厳しかったことの名残と考えられる。

武士の論理で殺害された大楽源太郎

四条隆謌《しじょうたかうた》巡察使を迎えるにあたり、久留米藩応変隊は久留米藩庁に建白書を提出した。それは、太政官の政治は間違っている。孝明天皇の遺志をわきまえず、幼い明治天皇を君側の奸が「掌中の玉」として勝手な事をしている。朝敵の汚名を蒙っても、孝明天皇の霊に対し申し訳がたたないので、巡察使の軍と徹底抗戦するとの決意文書だった。

この事態を深く憂慮したのは、久留米藩知事の有馬《ありま》頼咸《よりしげ》だった。すでに明治四年三月十日、有馬頼咸は、東京の弾正台に呼び出され、脱退兵隠匿の責任を追及されていた。腹心の本庄一行、林田守隆（参政不破美作襲撃犯の一人）らを久留米に送り、新政府の指示に従えと説得にあたらせた。

小河《おごう》真文《まふみ》はこの有馬頼咸の命令に従い、応変隊などの隊長らの説得を始めた。小河や他の久留米藩関係者は、累が旧藩主に及ぶことを懸念し、対策に苦慮していた。それは、この年の二月十三日、有馬頼咸が大楽源太郎と会っていたからだった。もし、大楽が巡察使に捕縛され、頼咸と会った事を供述すれば、藩知事が政府転覆謀議の首謀者となり、久留米藩は取り潰し、藩主は切腹ともなりかねない。朝敵の汚名を蒙ろうとも徹底抗戦を主張していた小河も、巡察使の命令に従うと懸命の説得を始めた。何が何でも藩知事と大楽とが面談したことは隠蔽しなければならない。

しかし、いかな旧藩主の命令といえども納得しなかったのが庄屋の寺崎三矢吉、横枕覚助らだった。何が何でもと大楽らを匿い続けた。ここに、武士階級の小河と庄屋階級の寺崎の意識の違いが見えてくる。武士階級の者は、主君を守るために自らの生命を賭す。しかしながら、庄屋階級にしてみれば藩主に忠義を尽くす義理はない。藩主から禄をいただく武士階級と、逆に藩に年貢を納めてきた庄屋階級からすれば身命を賭してまで藩主を守る義理立ては無い。むしろ、庶民の為にと決起した大楽に情実を覚えるのは確かだ。

さらに、川島澄之助の『久留米藩難記』を読み進んでも分かるが、この久留米藩難事件での小河真文と古松簡二との考えの相違が、武士階級と庄屋階級との意見の相違を生み出していた。小河は武士として久留米藩を一つにまとめ、新政府（太政官）の改革を進めようとしていた。反して、儒医の古松は全国に知己があることも幸いし、草莽崛起によって変革しなければならないという考えだった。草莽、いわゆる下級武士、庶民階級の決起によって日本全体で政治改革を行うというものだった。いわば、古松は明治初期に起きた自由民権運動の礎を寺崎、横枕という庄屋階級に説いていたのだった。武士階級の小河の説得に寺崎、横枕らが納得しなかったのは、古松の説く改革に賛同を覚えたからだった。

しかし、同志である大楽源太郎主従を謀殺するしか、久留米藩、有馬頼咸を守る術はなかった。久留米勤皇党の面々は、大楽源太郎主従を別々に呼び出し、殺害したのだった。一度は、得難い仲間として酒を酌み交わした勤皇党から殺されるとは、大楽は想像もできなかったことだろう。

五　久留米藩難事件の総括――明治初期・反政府事件の嚆矢

久留米藩難事件とは、維新のやり直しを求める全国的な反政府行動であり、その中心となる拠点が久留米だった。いわば第二維新ともいうべき事件だが、日本史年表に記載されているわけでもなく、その概要は極めて理解しづらい。そもそも、全国規模の反政府行動であったにも関わらず、事件を「大楽源太郎事件」「二卿事件」などと細分化することで久留米藩難事件を地方の内紛事件に押しとどめてしまった。「歴史は勝者によって作られる」「思想は為政者によって焚書される」という言葉からすれば、この久留米藩難事件は政府によって闇に葬られた事件といえる。

まず、この事件が起きた時代背景から見ていきたい。慶長八年（一六〇三）、徳川家康によって幕府が開かれ、封建的社会制度が整った。全国の諸大名を幕府が統括することで中央集権体制も整備された。しかし、その幕藩体制も二百年余が過ぎ、天災なども加わり、徐々に経済的疲弊を生じてきた。江戸への一極集中により、地方と都市とでは経済格差が生じ、従前の米穀による生産高だけでは家臣を養う事ができない。家臣も他家を継ぐか、寺院の僧侶の道を選択するかで生活基盤を築いてきた。仕官の道を閉ざされた浪人という部類も誕生した。そこに、欧米列強によるアジア侵略が激化し、徳川幕府もその渦中にとりこまれた。幕府は、オランダや中国など、限られた国との交易で経済を統制してきたが、武力を背景としたアメリカによって「開国」に至った。ここで、幕府は海外との交易の総代理店となり、諸藩はその傘下の代理店として諸外国との交易を開始。交易で藩の財政を立て直そうにも、総代理店である幕府は手数料を稼いで潤う。カネの切れ目が縁の切れ目。欧米諸外国との総代理店の権利を幕府から「奪い取る」、「奪い取らせない」という幕府改革派（倒幕）と幕府支持派（佐幕）との武力衝突が戊辰戦争となった。

戊辰戦争の戦後処理として、倒幕に向けて藩の財力を投じた新政府支持派への恩賞は少なく、諸外国との交易の権利は逆に新政府が独占してしまった。更に、通貨の統一を名目に上納金ともいうべき太政官札と正金との交換が始まる。それだけではなく、版籍奉還という藩の所領地を朝廷に返還したと同時に、税制改正が始まり、その結果、明治六年（一八七三）、従来の生産高による課税ではなく、土地への一律課税（地租改正）となった。倒幕戦争に出陣した諸藩は、その戦費を補うどころか、新政府による過酷な税の取り立てに遭遇したのだった。

ここで、諸藩の志士達から新政府の経済政策に不満が噴出し、維新のやり直し、いわゆる第二維新を叫ぶ声が日本全国からあがってきた。その中心が久留米藩であり、そこに旧長州藩の大楽源太郎や旧奇兵隊士が久留米藩に潜伏し、維新のやり直しを糾合し始めた。早くから「征韓論」を唱えた久留米藩には武器弾薬、戦艦までもが揃っており、反政府の行動を起こすには都合が良い藩だった。

しかし、ここで、反政府の動きを察知した新政府の木戸孝允らが「久留米藩つぶし」を画策。その口実となったのが長州藩の大楽源太郎ら脱退兵の討伐だった。次に、久留米藩知事の有馬頼咸は「謹慎」という名目で新政府に人質としてとられ、封建的身分制度に身を置いていた小河真文、水野正名らは新政府に降伏する準備を進めた。しかし、久留米に潜入していた大楽源太郎、その大楽支持の下級武士、庄屋階級は納得せずに徹底抗戦をと主張する。

ここで、形勢不利とみた旧武士階級が大楽等の殺害を試み、事件の穏便な解決を求めたが、新政府は厳罰に処したのだった。

本来、佐賀の変、萩の変、秋月の変、神風連の変、福岡の変、西南戦争と同じく、全国的な反政府行動事件として対処しなければならない久留米藩難事件だが、事件の背後に青蓮院宮（中川宮）が関係していたことから、「二卿事件」「大楽源太郎事件」「久留米藩難事件」などと事件を細かく分断することで隠蔽してしまった。

旧来、尊皇攘夷の旗印の下、同志として行動した仲間たちが、いとも簡単に欧米列強に妥協する現実主義者に豹変したことに怒りを抱いたのが事件の核心部分に隠れている。維新の過程で死んでいったかつての仲間に顔向けができるのかという意見。日本という一国を欧米列強の侵略から護らなければという現実。その狭間で起きた事件が久留米藩難事件である。維新を革命と見るならば、社会の底辺に蠢く人々が「幸福になった」と実感できなければ本物ではない。しかし、新政府が進める中央集権国家の体制は地方分権を認めない経済政策であり、徴兵制など庶民への負担が増すばかりだった。幕藩体制時代よりも生活が困窮すれば、何のための「ご一新」（維新）だったのかと新政府に反発を抱くのは致し方ない。未遂に終わったとはいえ、農民を統括する庄屋層までもが関係した久留米藩難事件から学ぶことは多い。

昭和三年（一九二八）頃、久留米藩難事件に関係した寺崎三矢吉が講演し、その際の口述筆記が残っていた。事件の頂点にいたのは青蓮院宮（中川宮）であったと述べている。寺崎は終身禁獄の判決を受けていたが、老親の介護という恩典を受け出獄していた。

さらに、その青蓮院宮（中川宮）の下に二卿と言われる愛宕通旭《おたぎみちてる》、外山光輔《とやまみつすけ》がおり、古松簡二や熊本敬神党（尊王攘夷派）が組んだ東北諸藩連合が政府転覆事件を画策していたのだった。決起するには武器弾薬兵員が必要だが、それらを準備していたのが久留米藩だった。勝海舟の語録には「肥後三人組」という章があり、「古荘（嘉門）等は、河上彦斎（高田源兵衛）の仲間さ。東北連合は、実に彼等の謀略さ。いよいよ連合も出来ましたと言うて来たから善くわかったよ。河上が玄徳で、古荘が関羽、竹添（進一郎、嘉納治五郎の岳父）が孔明さ。」という記述がある。熊本敬神党としては、旧幕臣の勝海舟に政府転覆に加担して欲しかったのだろう。

蛇足ながら、この青蓮院宮（中川宮）が「宮中某重大事件」と呼ばれる皇太子（昭和天皇）の妃選びにおいて長州閥の山縣有朋と対立するが、久留米藩難事件の意趣返しと見えなくもない。

第三章

事件後の反政府事件

――西南戦争をへて自由民権運動へ

今井栄と久留米海軍

幕末の久留米藩を俯瞰した際、きわめて不思議な事に気が付く。それは、石高二十一万石の久留米藩に「久留米海軍」とも呼ぶべき艦隊があることだ。七隻の艦船を保有しているが、これは幕府、薩摩藩、長州藩、佐賀藩という大藩並みの海軍である。いったい、誰が何の目的でこれほどの艦船を購入したのか。なにより、その資金はどこから捻出されたのかということが謎だ。

まず、久留米藩が所有する艦船の一覧を見てみたい。

千歳丸	砲六門	六〇〇トン	購入代金	八万五〇〇〇ドル
雄飛丸	砲二門	二五〇トン	購入代金	七万五七〇〇ドル
宸風丸	砲二門	一〇〇トン	購入代金	五万三〇〇〇ドル
翔風丸	砲二門	二〇〇トン	購入代金	八〇〇〇ドル
遼鶴丸	砲二門	一九〇トン	購入代金	七〇〇〇ドル

玄島丸　砲二門　一〇七トン　購入代金　四七〇〇〇ドル
神雀丸　不明　トン数不明　購入代金　六〇〇〇〇ドル（蒸気、鉄船、内輪）

これら七隻が久留米海軍と呼ぶべきものだが、これらに関しては天保学連・内同士の中心的リーダー今井栄が編成を進めたものだった。今井は久留米藩の天保学連・外同士のリーダー真木和泉守らと対立した人だ。この今井は久留米藩の佐幕派ともいえる重臣たちを説得し、殖産興業に特化し、開明的な政策を推し進めた。その結果、久留米海軍ともいうべき七隻の艦船を保有することができた。幕末の日本で五本の指に入る海軍力である。

これらの艦船の購入代金だが、通貨単位がドルと表記されている。ドルといえば、現在の基軸通貨であるアメリカ・ドルを想起するが、江戸時代末期、アメリカ・ドルは世界の基軸通貨ではない。このドルとは、いったい、何なのかを考えていたところ、今井栄の見聞録ともいうべき『秋夜の夢談』の「上海雑記」中に、文久元年（一八六一）英国製の雄飛丸を購入した際の記録が残されていた。そこには、石炭代金込みで銀貨七万五七〇〇枚と出ていた。つまり、ここでいうドルとは、幕末、日米間の通商において使用されていたメキシコ・ドル銀貨の事を指していたのだった。更に、久留米藩の支払い一覧表には、銀百枚につき五七両二歩を支払い、雄飛丸を石炭代金込みの四万三五二七両二歩で購入したとの記載があった。

当時の外国通貨との交換レートについては、幕臣の小栗上野介《おぐりこうずけのすけ》がアメリカ側と交渉し、金と

筑後川に架かる昇開橋、この橋の近くに久留米海軍の若津港があった
（福岡県大川市の関家具屋上から望見する）

銀との交換比率を確定させた。メキシコ・ドル銀貨四枚は日本の一分銀十二枚と交換可能で、日本国内の通貨制度では、一分銀十二枚は金小判三枚と交換ができた。簡単に言えば、メキシコ・ドル銀貨四枚を横浜に持ち込めば金小判三枚と交換できる。この金小判三枚を香港に持ち込むと、メキシコ・ドル銀貨十二枚と交換できる。更に、このメキシコ・ドル銀貨十二枚を横浜で金小判に交換すると九枚になる。

つまり、アメリカから日本に持ち込んだメキシコ・ドル銀貨は三倍に利殖できるカラクリがあったのだ。背景には、欧米と日本との金銀の交換比率に大きな開きがあったからだが、幕府はこの交換比率から生じる差損に気づいていた風は無い。メキシコ・ドル銀貨七万五七〇〇枚で購入した雄飛丸は金小判に換算すると、五万六七七五枚（両）になる。ところが、久留米藩の出納記録を見ると、洋銀百枚につき、五十七両二歩で換算し、総額四万三五二七両二歩と記載されていた。ここで、小栗がアメリカ側と交渉して決めた通貨レートで換算すると、差額一万三二四八両が不足する。この差異は幕府がアメリカと結んだ日米通商航海条約での結果だ。艦船や武器などを購入する際、幕府が総代理店、諸藩は代理店となる。諸藩が欧米と取引をする際には、幕府に手数料を支払うというものだった。まさに、この差額一万三二四八両は、久留米藩から幕府への交易に関しての手数料だったのだ。ただし、久留米藩がこの欧米の金銀交換比率を利用して香港か上海で利殖を計ったか否かは不明だ。

久留米海軍生みの親・今井栄

久留米海軍とも呼べる艦隊を創設したのは今井栄である。この今井は、村上守太郎（量弘）、野崎平八とともに三名臣と呼ばれ、第十代藩主有馬頼永《ありまよりとう》の側近中の側近だった。一時は、天保学連として真木和泉守らと歩調を合わせたが、有馬頼永の後継問題から分裂。真木らは天保学連・外同志、今井らは天保学連・内同志として分類されるに至った。さらに、嘉永五年（一八五二）の「嘉永の大獄」で真木和泉守、水野正名ら天保学連・外同志は幽囚、幽閉の身となった。その後、この天保学連・内同志の今井栄らは「村上刃傷（乱心）事件」で一時、謹慎はしていたが復権。久留米藩佐幕派の家老有馬監物、参政不破美作《ふわみまさか》を説得し、久留米藩を佐幕開国にと国論（久留米藩の立場）を転じさせた。

この今井栄は、洋算を竹内岩五郎に学び、英語を古屋作左衛門に学ぶほど開明的な人だった。この洋算の竹内だが、慶応元年（一八六五）に長崎で英語と洋算を学び、慶応二年（一八六六）には、勝海舟の下で航海術、測量、算術を学び、福澤諭吉の慶應義塾でも学んでいる。明治元年（一八六九）、官軍として北越征討に久留米藩の千歳丸《せんざいまる》で従軍し、その後は明治新政府の海軍兵学寮の教官も務めた。

そして、今井は英語を古屋作左衛門に学んだが、この古屋はもともと蘭学を基本に医家の修業をしていた人だった。しかし、医者は不向きと悟り、英語学習に励んだ人である。『英国歩兵操典』を編集したことでも知られる。さらに、古屋の実弟である高松凌雲《たかまつりょううん》は緒方洪庵の適塾に学び、幕府から医学留学生としてフランスに送り出された医者だった。

今井は自身が洋算、英語を学ぶだけではなく、大津遠太、弥永健吾、西田元三郎らの藩士を勝海舟の海軍塾に送りだし、航海術を学ばせた。特に、弥永などは「小勝」と綽名されるほど、優秀な学生だった。他にも、適塾で福澤諭吉と同門であった松下元芳を慶應義塾に送り込むなどもしている。しかしながら、特筆すべきは、佐賀藩が招聘していた久留米出身の田中久重（近江）を今井が呼び戻したことにある。いわば、今井は、久留米藩の西洋近代化の礎を築いた人だった。

そんな久留米藩の近代化を支える財政は、新田開発のほか、茶、和紙、蝋を輸出することで賄っていた。茶は他藩、他国の者がうらやましがるほど、高い評価を受けていた。これは現在の福岡県特産の八女茶、星野茶と思われる。和紙については現在も八女地方の和紙は著名であり、蝋も年間一万二〇〇〇丸（一丸は四十八キロ）を生産するまでになっていた。しかしながら、これだけでは、日本でも五本の指に入る海軍力を備えることはできない。やはり、星野金山（福岡県八女市星野村）が産出する金が強力な資金源であったと考えられる。

久留米藩が抱える星野金山

この星野金山だが、幕府の天領日田（大分県日田市）の鯛生金山《たいおきんざん》と鉱脈を同じくする。筑後久留米藩と幕府天領日田との境界には、境界石が並び、幕府相手といえども領地の確定は厳然としていた。それほど、久留米藩にとって有益な金山であったということだ。この星野金山については、有馬頼永の三名臣といわれた村上守太郎の実父である村上量敏が詳細な記録を遺していた。『山土産』と称する文政八年（一八二五）の記録だが、鉱石を砕き、大きな盆のような皿で金の粒を選ぶ様子まで描かれている。絵師が描いたのかと思えるほど巧みだが、絵画が上手と評判の村上量敏の筆といわれている。

この星野金山の歴史を調べると、寛永二年（一六二五）に初めて金を掘ったとの記録がある。金を掘るといっても、砂金を採取したものと思われるが、初代藩主有馬豊氏《ありまとようじ》の時代のことだ。石高二十一万石の久留米藩でありながら、藩内には三十二万石として課税した背景に星野金山の収益を見込んでいたからと思われる。星野一帯には金山だけではなく銅山もあり、寛文十一年（一六七一）から採掘を始めている。しかし、数年で採掘を中止している。採掘を始めたかと思えば中止。この繰り返しが続くが、江戸時代の採掘は原始的で、重労働であった。ここぞと思う岩盤に鯨油を染みこませた弦《つる》の束に火をつけて加熱し、その後、ゲンノウとノミで岩を砕く。坑内での作業では換気や排気などは考慮されないことから、鉱夫が居つくことが無かったようだ。それでも、領主とすれば金山開発は藩の収益につながることから、黄金山正念寺、金山神社を設けるなどして人心の安定を図った。運び出された金鉱石は水車と石臼で砕き、ゆり鉢という大きな盆の中に沈む金の粒を集める作業を繰り返した。久留米藩政時代に金山としてどれほどの生産高があったのかは不明だ。

ただ、明治三十年（一八九七）には、一日に五十キロの鉱石を砕いて二・五キロの金を採取していたとの記録がある。明治三十一年には五十五の坑口があり、明治の末には、ベルト式粉砕機、クラッシャー、ボールミル、削岩機も導入され、本格的な金鉱山として開発が進められた。昭和十年（一九三五）には、金井鉱業、日本曹達、鯛生鉱業、興昌星野などの鉱山会社が創業し、山間部ながら人口は八八〇〇から九二〇〇人の間を行き来した。映画館、飲食店、社宅、鉱夫社宅が並ぶほどだったという。

昭和十八年（一九四三）四月に閉山となったが、昭和二十三年（一九四八）には斎藤鉱業によって復活。しかし、再び閉山。大分県日田市の鯛生金山のように観光施設化されることもなく、今も野ざらしになっている。

後醍醐天皇の皇子・懐良親王の菩提寺・大圓寺の本堂

この星野金山については、後醍醐天皇を祖とする南北朝時代には存在していたのではといわれる。後醍醐天皇の命を受け九州に下向した懐良親王《かねながしんのう》とともに、鉱山開発の技師（山師）が都から移り住んだと伝わる。南朝方は明国（中国）との間に使節の往来があったが、なんらかの交易の原資が必要になる。それが、この星野金山の金ではなかったと思われる。懐良親王の菩提寺である大圓寺（福岡県八女市）の資料館には、金鉱石を砕く棒、ゆり鉢（細かく砕いた鉱石から金を選別する鉢状の皿）なども展示されている。何に使うかなどの解説板は無いが、懐良親王所縁の資料館に金鉱山で使用した道具が展示されていることに、金鉱山との関係性を暗示しているように思えて仕方がない。

田中久重という天才の存在

藩政改革（財政再建）は、経費を節約するだけでなく、殖産興業、人材の登用も必要となる。久留米藩においては、なんといっても久留米絣を広めた井上伝という女性の存在を抜きには語れない。今も、絣の代名詞として久留米絣の認知度は高い。実用性だけではなく、そのデザイン性が高く評価されたが、この久留米絣の生産性向上に寄与したのが、「からくり儀衛門」こと田中久重だった。田中は井上伝が編み出す様々なデザインの久留米絣の機械織りの実用化に成功したのである。

この田中久重は、万年時計やからくり人形を考案したが、その天才ともいうべき能力は高く評

表はどこの駅前にもあるような時計に見える「からくり時計」(JR 久留米駅)

時間になると田中久重が考案した「からくり」の数々が飛び出てくる仕掛け

価されていた。田中は佐賀藩の佐野常民（日本赤十字社を創設）の誘いを受け、佐賀藩に仕官した。安政二年（一八五五）、その田中は変名（田中近左衛門）を使い、長崎に開設された長崎海軍伝習所で学んでいる。海軍伝習所といえば、その字面から航海術などを教える学校と思ってしまう。しかし、欧州における海軍とはドックや改修施設、機械設備の工場を併設するのが基本。海軍伝習所の鉄工所はオランダ人のヘンデレキ・ハルデスが鉄工所建設のため、海の埋め立て工事から、工場の建物に使用するレンガ製造にまで指導が及んだ。田中は、この海軍伝習所の鉄工所で工場建設、機械の仕組み、使用方法までを基礎から学んだのだった。

東芝の始祖であり、天才的発明家の田中久重生誕地跡

　佐賀藩と交渉の末、久留米藩も田中久重を登用した。これが後に、久留米藩の海軍創設に大きな威力を発揮することになる。先述の今井栄は、藩命による艦船購入目的で長崎に出向いたが、その際も田中久重を伴った。この艦船の買い付けは、慶応二年（一八六六）のことだが、今井は下村市右衛門、松崎誠蔵、田中久重（近江）、林田七右衛門、通訳の宇野嘉蔵を伴っていた。この艦船買い付けは、長崎のオランダ領事であるボードインが仲介したが、実際に上

海（清国）に行って現物を見た方が良いと薦める。オランダの上海領事であるクロースは上海までは数日で往復できるという。ついに、今井らは国禁を犯して上海に密航した。この時の記録として『秋夜の夢談』『上海雑事』として今井は見聞録を遺している。当時の事情を知る貴重なものだが、英国船での食事に出たアーモンドが美味という記述が印象に残った。

当初、この田中久重を登用するようにと久留米藩に働きかけていたのは真木和泉守だったが、藩の認識が追い付かず、隣の佐賀藩に用いられることになった。故に、田中は恩義のある佐賀藩に申し訳が立たないとして再三再四、久留米藩への出仕を断り続けてもいた。

いずれにしても、今井は田中久重など、有為の才能を登用できたことで、久留米藩を一大海軍藩へと押し上げることができたのだった。

しかし、久留米海軍を創設した今井栄は「殉難十志士」の一人として切腹。久留米海軍の艦船の全ては新政府に没収されたのだった。唯一、田中久重だけは新政府の呼び出しで上京し、現在の東芝の礎を築いたのがせめてもの救いとなった。

川島澄之助と宮地嶽神社

長州藩の脱退兵を匿ったこと、大楽源太郎主従を殺害したこと、政府転覆の謀議を図ったこととして久留米藩関係者は東京で裁き（裁判）を受けた。直接、大楽源太郎殺害に関わった川島澄之助は、死罪を覚悟していたが、身分を卒（下級武士）から庶子（庶民、平民）に落とされ、禁獄

日本一のしめ縄が下がる宮地嶽神社の拝殿（福岡県福津市）

（牢獄、刑務所）七年の刑を言い渡された。一度は死を覚悟したものの、死罪を免れた瞬間、嬉しさがこみあげてきたと述懐している。熊本藩預け（熊本藩の監獄）となったが、一緒に裁きを受けた島田荘太郎（武田範之の叔父）、大鳥居菅吉、吉田足穂、條本廉蔵、太田茂、鹿野淳二も一緒だった。さらに、久留米から直接、熊本の監獄に樋口良臣、森尾茂助、井上達也、本山岩之丞、川口誠夫が送られてきた。

禁獄七年の刑を宣告された川島らは、熊本藩の武士階級の牢屋に放り込まれた。東京の牢獄よりも格段に快適な牢獄だったというから、東京の牢獄がどれほど過酷な環境であったかが窺える。牢での毎日は、朝、夜明けを待ちわびて起床し、朝日の光で本を黙読する。午後は、牢の仲間と討議を繰り返し、運動不足を補うために牢の中を輪になって全員で歩き回った。春先、ミツバチが牢獄に潜入することで季節が春になったことを知るだけで、一年、二年、三年と、毎日、同じことの繰り返しだった。

春と秋、夕日が幻想的な光の道を作り出す宮地嶽神社（福岡県福津市）

しかし、その単調で平穏な日々も、突然、終わりを告げた。明治十年（一八七七）の西南戦争である。久留米藩難事件という反政府行動に対し、穏便な解決と対処を行った薩摩の西郷隆盛が反政府行動に出たのだ。その西郷軍が熊本城を包囲し、熊本城下を占領下に置いているという。牢獄の川島らは、逆に政府軍の一員として西郷軍と戦うと表明。これを受けた政府側は、恩典として川島ら全員を保釈した。牢獄から解放され、故郷の久留米に帰ったが、川島だけは一人、様子を窺うといって再び熊本に向かった。

熊本に到着した川島だったが、所持金が潤沢では無かったので、獄窓仲間の鹿野淳二が金を届けに来た。しかし、そこで川島、鹿野は西郷軍に捕まり、官軍の間諜（スパイ）ではと疑われ、拘束。危く、斬首されそうな危機もあったが、心情的には西郷軍寄りの川島は熊本城を包囲するより、北上した方が良いなどと薩軍に提案するほどだった。

この西南戦争では各地の不平士族が続々と鹿児島に集結したが、平岡浩太郎（玄洋社初代社長）もその一人だった。平岡は戊辰戦争の頃、千代田城（江戸城）の門番を務めている時、登城途中の西郷を誰何（氏名を名乗らずに無断で門を通過する者を糺す事）したことから、西郷と懇意になり、その心情から西郷軍の陣地に飛び込んだのだった。

しかし、この年の九月二十四日、鹿児島の城山に追い詰められた西郷はついに果てた。ここにおよそ半年余も続いた西南戦争は終結した。戦死を免れた兵員は東京の監獄に送られたが、先述の平岡浩太郎もその一人だった。

自由民権運動に走る川島澄之助

西南戦争終結後、「萩の変」に連座したとして獄中にあった者たちは釈放。解放された旧不平士族たちは、自由民権運動によって政府の行動を牽制しようと画策した。自由民権運動は、明治八年（一八七五）二月、土佐立志社の呼びかけのもと、大阪での愛国社大会が始まりだった。板垣退助は、武力による決起ではなく、自由民権運動による政府への干渉を試みようとした。ところが、板垣は政府側の閣僚となったことから愛国社の運動は途切れた。しかし、西南戦争、大久保利通暗殺という紆余曲折の末、板垣は自由民権運動の再興をと呼び掛けたのだった。

西南戦争後、獄中にあった平岡浩太郎は刑期一年を経ずして赦免となり、故郷の福岡に戻った。

ここで、自由民権運動を始めようと考えたが、それは、獄中で古松簡二と出会ったことからだった。古松は獄中で、西郷軍の兵士であった若者たちに教育を施していた。もともと、医者ということもあり、受刑者の病気治療にもあたったが、私塾のごとく、受刑者の若者たちに学問を講じていた。川島澄之助の『久留米藩難記』でも、古松の教えは自由民権運動の考えに近いと述べている。平岡も古松の教えを受けることで、自然に自由民権運動の理論的基礎を叩き込まれていたのだった。明治十二年（一八七九）に自由民権運動団体の玄洋社が立ち上がり、翌年、久留米地区においても民権政社・久留米共勉社が設立された。川島澄之助もその久留米共勉社の一人だったが、武ではなく文によって、政府への対決姿勢を見せたのだった。ところが、福岡県令の渡辺清と大げんかをし、そのことが発端となって川島は官吏になる。大蔵省官吏や九州各地の郡長という自治体首長を務めた。郡長退官後は、宮地嶽神社（福岡県福津市）の社司に就任し、焼失した社殿の再建など、神社の再興に尽力した。

川島は久留米藩難事件の主要な人物である小河真文、水野正名、古松簡二、大楽源太郎を直接に知り、更には「人斬り彦斎《げんさい》」の異名を取る河上彦斎（高田源兵衛）とも知己の関係だった。その川島が『久留米藩難記』を書き遺し、水野正名の顕彰碑の撰文を認めたという事実は、事件の実態を知るうえで貴重な記録である。

その川島を顕彰する銅像が福岡県福津市の宮地嶽神社禊池そばにある。今では、宮地嶽神社は春と秋に出現する「光の道」の神社として全国的に著名な神社となった。郷社、村社ほどの小さな神社だったが、拝殿の建築材を台湾に求め、石段、参道、鳥居などの整備には川島の人脈が十二分に生かされた。この社司として宮地嶽神社の再興に駆り立てたものは、やはり、恩師ともいうべき古松簡二の神道を国教にという教育の成果と考えられる。

台湾からの木材調達は台湾新竹支庁長を務めた事件の仲間である松村雄之進（衆議院議員）の力が働いたと思われる。石畳、石段、石垣、鳥居には筑豊飯塚の炭鉱主である伊藤伝右衛門、筑豊田川の炭鉱主である中島徳松の名前があることから、石炭鉱山の開発にも関わった玄洋社とのつながりと考えられる。玄洋社との関係といえば、頭山満が社長に就任した「福陵新報」の副社長には川島の親友である鹿野淳二が就任している。事件関係者の島田荘太郎の甥はアジア主義者の武田範之だが、この武田も玄洋社、黒龍会と濃密な人間関係を築いた。

川島の銅像は神社が作成する案内地図にも記載されないが、宮地嶽神社中興の祖として川島の功績は評価されるべきであろう。

江碕済と久留米藩難事件

久留米藩難事件では、新政府の捕縛を恐れ、久留米から他所に逃亡した者もいた。江碕済《えざきわたる》、若林卓爾、内藤茂三郎の三人である。この三名は、いずれも久留米藩校明善堂の寮生（学生）の時からの仲間だった。直接、新政府への反抗を試みた形跡はないが、事件への連座を恐れて逃亡するということは、何かしらの関係があったものと思われる。

五條家外観、五條家は後醍醐天皇の命を受け九州に下向してきた（福岡県八女市）

この三名は、明治四年の事件後、直ちに矢部地区（現在の福岡県八女市矢部村）に逃げた。当地に居を構える五條家（福岡県八女市黒木町大渕）を頼り、五條家の差配でさらに奥地の桑取藪《くわとりやぶ》という山奥へと引きこもった。この三名が五條家を頼ったというところに深い意味がある。なぜならば、当時、五條家が居を構えていた場所は柳川藩領である。ご一新（維新）の世になったとはいえ、廃藩置県前であり、藩境を超えるという事は脱藩に等しいからだ。更に、五條家は南北朝時代、後醍醐天皇の皇子である懐良親王《かねながしんのう》を奈良の吉野から大宰府制圧にと九州に送り込まれた際の従者の家である。文官でありながら、苦難の旅を親王とともに過ごした尊皇忠臣の家だ。藩は違えども、江碕らは崇敬の眼差しで五條家を見ていたに違いない。しかし、久留米城下で学問だけで生きてきた者たちだけに、若林、内藤の二人は過酷な生活環境に耐えきれず、早々に山を下りた。しかし、ただ一人、江碕だけは、桑取藪に留まり続けた。

明治五年（一八七二）八月、新政府は学制頒布、いわゆる国民への義務教育を行うと発表した。続いて明治七年、矢部地区に矢部小学校が開校された。江碕は久留米藩校の教員であった経歴をかわれ、小学校の教員に就任した。久留米藩難事件での新政府の嫌疑も拘束も無いと判断したからだろう。

そして、明治九年になると江碕の教育者としての声望から黒木町（福岡県八女市）に移住を求められ、近在の子弟教育にもあたった。その延長として地元の隈本家の要請に応じ、明治十二年、北汭義塾《ほくぜいぎじゅく》を開いた。この江碕門下からは木下学而（衆議院議員）、アメリカのポテト王と呼ばれた牛島謹爾《うしじまきんじ》、アジア主義者の武田範之《たけだはんし》、松浦寛威《まつうらひろたけ》（陸軍中将）、松浦淳六郎《まつうらじゅんろくろう》（陸軍中将）、仁田原重行《にたはらしげゆき》（陸軍大将）、日比翁助（三越百貨店創立者）らを輩出している。あの真木和泉守の甥である真木謹四郎、邦三郎も江碕の門下生である。これだけをみても、いかに、江碕の教育が優れていたかを如実に表している。

後年、江碕は乞われて福岡県立明善中学の漢籍教師に就任した。さらに、一緒に矢部村の桑取藪に逃げ込んだ若林卓爾は久留米市長に、内藤茂三郎は八女の岡山小学校長に就任した。

久留米藩難事件において、その渦中の人物とは思えない江碕らが、なぜ、隣藩の柳川藩領の五條家を頼って逃げたのか。その背景について考えてみたい。

まず、門下生の武田範之《たけだはんし》だが、武田の養父は武田禎助《たけだていすけ》という医師だが、久留米藩難事件に連座し、刑に処された。大楽源太郎が久留米に逃げ込んだ際、石橋六郎（医師）とともに大楽を匿ったからだ。発心公園《ほっしんこうえん》（福岡県久留米市草野町）の大楽の漢詩碑の解説書には柳瀬三郎も交えて酒を酌み交わしたと記されている。

宮内庁管理の良成親王陵墓、今も慰霊祭（大杣公園祭）が開かれている（福岡県八女市・大杣公園）

次に、松浦寛威、松浦淳六郎という兄弟で陸軍中将になった者がいる。この兄弟の叔父である師富《もろどみ》進太郎《しんたろう》は久留米藩難事件で禁獄一年の刑を受けた。更に、真木和泉守が禁門の変で決起した際、真木とともに行動を共にした松浦八郎は師富の長兄にあたり、八郎は大楽源太郎とは既知の関係でもあった。

仁田原重行《にたはらしげゆき》は後醍醐天皇を祖とする南朝方の忠臣新田義貞《にったよしさだ》の子孫に連なるといわれる。南北朝統一後、北朝方から身を隠すために「新田」を「仁田原」に変えたという。久留米藩、柳川藩と藩は異なるものの、その遠祖を辿れば南朝方として相互に通交があったものと思われる。ゆえに、藩の境である矢部川を超えて柳川藩領の五條家を頼ったものと思われる。

続いて、穿った見方をすれば、江碕は久留米藩校明善堂に備えてあった書物の保管を五條家に依頼したかもしれない。明治新政府は政権樹立の正当性を確立するため、政府にとって不利な文書関係は没収したという。江碕は明善堂の書庫にあった文書のなかで皇室に関係する重要な文書が政府に没収されるのを防ぐため、五條家の文書蔵に持ち込んだのかもしれない。現在の五條家二十五代目当主になる五條元滋氏に筆者の疑問をぶつけたが、文官の家だけに膨大な文書があり、「分かりません」との回答だった。

久留米藩難事件は全国規模の反政府決起の未遂事件だが、それ以外にも、何か隠れた秘密があるのかもしれない。

久留米士族の福島県移住と大久保利通

明治五年（一八七二）、横井小楠の最後の高弟といわれた安場《やすば》保和《やすかず》（内相、満鉄総裁後藤新平の岳父）が福島県令に就任した。この安場は、視察に訪れた郡山地方の荒地を見て、ここを豊かな耕作地に変革させたいと考えた。そのためには、猪苗代湖《いなわしろこ》から水を引き、原野を水田に変えようと考えた。これが「安積《あさか》疏水開削事業」と呼ばれるものだ。これは窮乏する旧士族の授産事業でもあった。明治九年（一八七六）、郡山地方を訪れた大久保利通は、国策として郡山地区の開発を企図し、疏水開削事業の政府予算もつけた。不平士族が各地で反政府の決起を起こしていた時期だったが、生活が安定すれば士族の反乱も治まるとの考えからだった。しかし、大久保が暗殺されたことで政府予算も途切れるかと思われたが、継続されることになった。

明治十一年（一八七八）、この郡山の開拓団第一陣として旧久留米藩士たち一四一戸、五八五名が入植してきた。武士の商法ならぬ武士の農法である。この久留米士族の入植にあたっては、久留米藩難事件で監獄生活を経験した森尾茂助、太田茂が奮闘した。しかし、この事業開始前、ひと悶着起きていた。自由民権政社のリーダーとなった川島澄之助が、福岡県令の渡辺清に威勢の良い啖呵を切ったことが原因だった。廃藩置県後、三潴《みずま》県となっていた旧久留米藩も福岡県に統合されていたが、その政府から送り込まれた福岡県令渡辺清と喧嘩になったのだ。西南戦争において久留米の士族たちは給与の一割を拠出して積み立て、いまでいう互助会を結成していた。その会に貯蓄されていた積立金の使途について福岡県令が介入したことから川島が越権行為だと文句を言ったのだった。

ところが、国策事業として国費四十万円の予算がついた福島県安積開拓団としての旧久留米藩士族の移住話がつぶれてしまう。移住予定の代表者である森尾茂助、太田茂から、久留米士族のために、県知事に詫びを入れてくれと川島は懇願された。不承不承、福岡県令渡辺清に頭を下げた川島だった。しかし、もともと、長崎・大村藩出身の渡辺清は、幕末維新においての久留米藩士族の貢献度を熟知しており、逆に、川島に役人になるならば暴言を赦すと条件を出した。そこで、川島は渡辺の条件を飲み、後に自由民権運動から離脱し、地方の役人として働くことになった。

この川島の妥協から、無事、旧久留米藩の士族たちは開拓団として福島県郡山の安積開拓へと乗り込んだのだった。明治十一年十一月十一日、久留米開墾社の旧士族集団は福島の郡山に到着したが、その後の入植者たちにとっては苦難の連続だった。森尾茂助は開墾事業、太田茂は水利事業に注力。四〇〇〇ヘクタールの荒地の開墾だが、刀を鍬に持ち替えての開拓は容易に進まない。借金を抱え娘を売る者、一家離散、夜逃げ、自殺、発狂するものまでがでる始末。その状況を目にした奈良原繁（旧薩摩藩士、寺田屋事件で同志の暴発を抑える役目を負わされた）は、故郷鹿児島から塚田喜太郎という農夫を招聘。塚田は獣骨を焼いて施肥にする稲作方法を開拓民に伝授し、米の収穫量を飛躍的に高めた。その苦闘の連続の末に、現在の福島県郡山市の姿がある。

尚、奈良原繁が関係した文久二年の寺田屋事件には、真木和泉守も暴発側にいただけに、看過できないものが奈良原の胸中にあったのではないかと推察される。

大久保暗殺

明治十一年（一八七八）八月二十三日、西南戦争に従軍した近衛連隊の将兵が皇居に向かって進軍を始めた。今に伝わる「竹橋事件」とも「竹橋騒動」ともいわれるものだが、恩賞にありつけないどころか、支給される官品予算が削減されたことから兵員の個人負担が増えた。このことに不満を抱く近衛連隊の将兵が、天皇陛下に待遇改善の直訴に向かった。西南戦争終結後、政府の高官たちには高額の年金などが支給されたが、現場で奮闘した下級将校、下士官、兵には恩賞が無かった。山口藩脱退兵騒動と同じことが起きていたのだった。この事件も未遂に終わったが、首謀者たちは非公開の軍法会議にかけられ銃殺。昭和七年（一九三二）の五・一五事件、昭和十一年（一九三六）の二・二六事件も、為政者に対する軍の若手将校の不満が暴発した結果だったが、その萌芽ともいうべき事件は、早くも明治十一年に起きていたのだった。この竹橋事件も、久留米藩難事件同様、山縣有朋ら為政者によって歴史の闇に封じられた。

この竹橋事件前、五月十四日、大久保利通は石川県士族の島田一郎ら六名の襲撃を受けた。島田一郎らは西南戦争勃発時、仲間とともに西郷軍に加担するつもりだったが、準備が整わず、その機を逸していたのだった。この島田一郎らの墓碑は谷中《やなか》霊園（東京都台東区）にあるが、霊園事務所前から徳川慶喜、来島恒喜《くるしまつねき》、渋沢栄一の墓所に向かう歩道の途中にある。しかし、歩道からは墓碑に彫られた名前が見えないように横向きに六棹が並んでいる。意図的に島田一郎の名前は「島田一良」と改められている。反政府活動家たちの聖地にならないようにとのことからだ。

反して、大久保の墓所は青山霊園（東京都港区）にある。霊園事務所の近くにあるが、墓域は広く立派な造りとなっている。ただ、哀れなのは、襲撃時の馬車の御者、馬の墓碑も並んでいることだ。島田らも大久保に対する個人的な怨みというより、反政府の象徴的な人物、としての大久保襲撃であったと考えられる。しかし、御者、馬が巻き添えを食らったのは、残念に思う。

武田範之と玄洋社、黒龍会

福島県郡山の安積《あさか》開拓団員として久留米開墾社の人々は勇躍乗り込んだ。しかし、武士の農法はうまくいかない。中條政恒（旧米沢藩士、小説家宮本百合子の父）ら政府関係者の尽力はあるものの、旧久留米藩士族にとって、慣れない土地での農業だけに過酷な開拓事業だった。この開拓団の中に、後のアジア主義者武田範之《たけだはんし》の一族の者もいた。

武田範之は文久三年（一八六三）、四三〇石取りの久留米藩士澤之高《さわゆきたか》の三男として生まれた。母は同じく久留米藩士島田荘太郎（久留米藩難事件で禁獄）の妹だった。祖父は澤市之助といったが、その妻、つまり武田範之の祖母は小河吉右衛門の娘だった。小河吉右衛門とは、久留米藩難事件においてすべての罪を一身に背負った小河真文の家に代々伝わる名前である。いわば、久留米藩難事件の中核を成す一族の子孫が武田範之だった。

範之は十一歳の時、医師の武田禎助の養子となった。禎助も久留米藩難事件に連座したが、範之の一族が斬刑、禁獄などの罪を得たことから家政が安定しない。武田範之は幼少から頭脳明晰で知られ、澤家の家計を助ける意味もあって武田禎助は範之を医家の後継ぎにと願った。範之は吉富復軒《よしとみふっけん》、江碕済（八女教学の祖）に学んだ。しかし、親族が恋しくなったのか、田舎医者で一生を過ごすのを嫌ったのか、養家を飛び出した。行き先は、実兄の佐波（澤）保輔が入植した福島県の郡山だった。郡山の開墾地の団長は森尾茂助、太田茂というかつての久留米藩難事件で罪を得た実父の仲間たちだった。しかし、過酷な生活環境を目にし、武田範之は京都、東京と将来の道を求めてさまよい歩いた。その過程で出会ったのが曹洞宗の教えだった。新潟県妙高市の禅寺で『大乗起信論』にのめり込み、新潟県上越市の顕聖寺で得度する。武田範之の宗教者としての始まりだった。

しかし、そこに久留米藩時代の友人関常吉が訪ねて来た。この頃の関は朝鮮問題に奔走していたが、その運動に武田を誘いに越後（新潟県）まで訪ねてきたのだった。この明治二十七年（一八九四）頃は日清戦争前であり、朝鮮王朝は勢道政治と呼ばれる王族と両班《やんぱん》（貴族）による「今だけ金だけ自分だけ」の権力者たちによって乱れに乱れていた。武田らは東学党という反権力団体を支援しようと画策した。これが、武田が参画した「天佑侠」という日本人団体だった。この「天佑侠」は、「久留米青年議会」の仲間たちに玄洋社の内田良平らが合流した団体だった。資金は内田の叔父である平岡浩太郎が出した。平岡としても、かつて西南戦争後の獄中にある時、学問を授けてくれた古松簡二の系譜に連なる面々を支援するのは当然と考えていた節がある。

そして、日清戦争後、武田は朝鮮の政治改革に加担し、朝鮮王高宗の妃である閔妃《みんぴ》の「閔妃殺害事件」に関わったとして広島の獄に繋がれた。無罪となって出所した後、明治三十四年（一九〇一）の「黒龍会」結成に参画。日本と朝鮮の合邦運動に邁進し、明治四十三年（一九一〇）一〇月、「日韓併合」という形で成就した。その翌年、武田は得度を受けた越後の顕聖寺で病没した。まさに、日本と朝鮮の合邦に自身の半生を費やした人といえる。

その武田を顕彰する石碑が発心公園《ほっしんこうえん》（福岡県久留米市草野町）に立っている。碑の手跡は頭山満（玄洋社）だが、その近くには大楽源太郎の漢詩碑もある。

権藤成卿と五・一五事件

仏門にあった武田範之が朝鮮問題に深く関係するのは、「久留米青年議会」の存在が大きい。この「久留米青年議会」は、いわば、有為の青年たちを育成教育する私塾的な団体だった。その指導的立場にいたのが権藤松門《ごんどうしょうもん》である。松門の実父は権藤延陵という医者であり儒者であるが、豊後日田咸宜園《かんぎえん》の廣瀬淡窓とは親友であり、両者とも筑前（福岡県）の亀井南冥《かめいなんめい》に師事した。

権藤松門は維新後、世の中が西洋医学一辺倒になっていくのを憂い、医者を廃業した。久留米郊外の高良山麓で悠々自適の生活を送っていたが、その権藤松門を尋ねてきたのが松村雄之進《まつむらゆうのしん》（久留米藩難事件で禁獄）、渡辺五郎（実母は久留米藩難事件で終身禁獄を受けた水野正名の妹）、武田範之、宮崎来城（漢詩人、新聞人）だった。

この権藤松門の長男が、後に血盟団事件、五・一五事件、二・二六事件における思想的指導者といわれる権藤成卿《ごんどうせいきょう》（「せいけい」とも）である。更に、松門の次男が権藤震二《ごんどうしんじ》だが、孫文の中国革命を支援した人としても知られる。

久留米藩難事件に連座した人々の系譜が、玄洋社初代社長である平岡浩太郎と結びつくのだが、平岡の甥である内田良平とが権藤成卿、宮崎来城、権藤震二、中国革命の要人と結びついていくのは自然な流れでもあった。更に、宮崎来城は玄洋社の末永節《みさお》、熊本荒尾の宮崎滔天と交友があり、康有為《こうゆうい》、譚嗣同《たんしどう》、梁啓超《りょうけいちょう》という清国（中国）開明派の中国要人ともつながる。

現代、玄洋社、黒龍会は大東亜戦争（アジア・太平洋戦争）での「侵略」戦争の先兵を担ったといわれる。敗戦後、玄洋社、黒龍会は連合国軍総司令部（ＧＨＱ）によって解散命令を受け、その実態は正しく後世に伝わっていない。むしろ、ＧＨＱに潜入したコミンテルン・スパイの洗脳工作によって「右翼」というレッテルを貼り、「悪」の象徴として日本人に刷り込んだ。その陰で、この権藤成卿も歴史から抹殺、封印され今日に至っているのだ。一君万民・四民平等という理想社会構築のためにアジアの安寧を考えてきた玄洋社、黒龍会の活動の目的は、アジアの植民地の独立だった。しかしながら、それはそのまま欧米列強の濡れ手に粟の利権をことごとく奪い去るものだった。

「第二維新」のスローガンを掲げて五・一五事件、二・二六事件の陸海軍の青年将校たちは決起したが、その原点は久留米藩難事件にあったのだった。この久留米藩難事件の淵源を探らなければ、なぜ、彼らが決起に至ったかの背景がわからない。さらには、穿った見方だが、南北朝の南朝方による維新を目指していたのではないかとさえ思えてくる。

忘れ去られた権藤成卿を再検証し、その源流である久留米藩難事件を俯瞰することで、本来の維新とは何であったかが見えてくるのではないだろうか。

第四章

事件現場を歩く

本章の現場位置などは、巻頭の地図を参照。

大楽源太郎殺害現場

大楽源太郎《だいらくげんたろう》殺害現場を確認するため、西鉄（西日本鉄道）天神大牟田線「福岡天神駅」から久留米（福岡県久留米市）方面行きの急行電車に乗った。大楽源太郎は明治四年（一八七一）三月十六日、筑後川河畔で筑後久留米藩士たちに殺害された。その事件現場最寄りの駅が「宮の陣駅」だ。「福岡天神駅」を発車し、およそ三十分で「宮の陣駅」に到着する。ここは筑後川を渡る手前の駅だが、南北朝時代の正平十四年（一三五九）の「筑後川の戦い」では征西将軍懐良親王《かねながしんのう》がここに陣を敷いた。その伝承から「宮様の陣」「宮の陣」という地名となった。近くには、懐良親王、良成親王《よしなりしんのう》を祭神とする「宮ノ陣神社」、「筑後川の戦い」で戦死した将兵を慰霊する遍萬寺（浄土真宗大谷派）もある。この「宮の陣駅」は西鉄甘木線の接続駅であり、終点の「甘木駅」からはバスで秋月（福岡県朝倉市）へと行く事ができる。秋月は日本史年表にも記載がある明治九年（一八七六）の「秋月の変」で知られるが、北部九州の地勢上、筑紫平野のこの一帯が重要な場所であったことが理解できる。

「宮の陣駅」の駅前には大きな観光地図がある。大楽源太郎殺害現場としての目標は高野産八《たかのうみはち》幡宮《まんぐう》だが、その記載は無い。しかし、国道3号線の久留米大橋の袂に高野産八幡宮はあるので迷うことはない。改札口を出て右手に進み、筑後川の堤防上の舗装道路を歩けば、真正面に社殿が見える。「筑紫次郎」こと筑後川の風景を愛でながらのんびり歩くこと約十分。前方に「高野産八幡宮」の大きな看板が目についた。

高野産八幡宮の鳥居と拝殿、筑後川の流れの側にある

国道3号線を渡り、高野産八幡宮の境内に足を踏み入れる。神社の由緒によれば承平二年（九三二）、一品兼基親王《いっぽんかねもとしんのう》が建立した社と伝わる。その後、寛永二年（一六二五）には久留米城（篠山城）の鬼門封じのため、初代久留米藩主の有馬豊氏《ありまとようじ》が社殿を設けたという。八幡宮の境内はまったくの無人。まずは、手水舎で手、口を漱ぎ、参拝をする。背後の国道3号線を往来する車両の音、久留米大橋を通過する大型トラックの騒音だけが響く。視界を遮るものは、遠くの山々であり、筑後川の対岸には久留米市街のビル群が目に留まるだけ。天空はただただ、青く、深い。ゆるやかに、大きく流れる筑後川の水面を見ながら、まさか、ここが大楽源太郎殺害現場であったとは、思いも至らない。

大楽源太郎を殺害したという筑後川の小森野堰

高野産八幡宮の境内、周辺をゆっくりと歩いてみる。拝殿の北西に天満宮があった。訪れたのは梅の季節だったが、うららかな春の陽気を受けて白梅が咲き誇り、天満宮らしさを醸し出していた。ここから筑後川を遡ったところにも北野天満宮がある。北野天満宮は昌泰四年（九〇一）、菅原道真が京の都から大宰権帥《だざいのごんのそち》として左遷された際、筑後川を下ったという伝承にちなんだ社である。政敵の藤原時平は刺客を放ち菅原道真の命を狙っていたが、道真には複数の影武者がいて、難を逃れることができた。ゆえに、大宰府政庁（福岡県太宰府市）まで、複数の影武者がそれぞれの道程を辿った。そのため、北部九州の各地に菅原道真伝説が遺るのだ。

殺害目的から久留米藩士たちは大楽源太郎を高野産八幡宮におびき出した。末社とはいえ、高野産八幡宮の境内に菅原道真を祭神とする天満宮があることに、妙な因縁を感じてしまう。大楽源太郎にも複数の影武者がいれば、歴史の歯車はどのように変わっていただろうか。そんな事々を考えながら、高野産八幡宮拝殿脇の堤防から筑後川の小森野堰《こもりのぜき》を見下ろす。

大楽の殺害には川島澄之助、吉田足穂、太田茂、柳瀬三郎、松村雄之進が関わった。川島が書き遺した『久留米藩難記』では、大楽の首だけを島田荘太郎のところに持ち帰り、胴体は川の砂浜を掘って埋めたという。島田荘太郎は大楽の首に向かって「藩難その極に達し、百計尽きてここに至った。どうぞ、赦してくれ」と唱え、一杯の酒を捧げた。

大楽の胴体を埋めた砂浜であったと思しき場所は舗装され、痕跡を確認することはできない。昭和二十八年（一九五三）六月、九州北部を豪雨が襲ったが、その改修工事によって風景は変貌してしまった。この豪雨の時、先述の北野天満宮の古文書類も全て流出し、室町時代の古文書がわずかに遺っただけだった。その古文書すらも判読が困難なほど破損していた。この事実だけで、どれほどの大水害であったかが窺い知れる。高野産八幡宮の西側には「筑後川災害復旧記念の碑」が往時の災禍を証明している。治水工事が施され、悠々と流れる筑後川の川面を眺めてみたが、大楽がこの高野産八幡宮を訪ね来た時を想像するには、隔世の感があった。

もう一つの殺害現場、豆津浜

大楽源太郎殺害事件といっても、大楽源太郎だけが殺されたわけではない。大楽は西山書屋という私塾を防府（山口県防府市大道）に開いていたが、大村益次郎暗殺、長州奇兵隊脱退騒動の黒幕として、山口藩（長州藩）に追われる身だった。この時、大楽の実弟の山縣源吾、門弟の小野清太郎（新、精太郎とも）、従僕の村上要助（要吉、要蔵とも）らが大楽に付き従い、筑後久留米藩に潜入していた。先述の大楽源太郎は高野浜（高野産八幡宮）で殺害されたが、山縣源吾、小野清太郎は筑後川河畔の豆津浜で斬殺された。その山縣、小野の二人の殺害現場を確認してみたいと思い、西鉄「宮の陣」駅から二駅南の西鉄久留米駅に向かった。駅からは「明治通り」という幹線道路が東西に延びている。バス路線もあるが、歩いてみなければ町の特徴はつかめない。筑紫平野の中心に位置する久留米市だけに道は平坦。幅に余裕のある歩道を歩くのは楽である。

町の風景を観察しながら歩いているとJR久留米駅に程近いガード（高架橋）が見えてきた。このガードをくぐると、そこから先は「水天宮通り」と名称が変わり、水天宮の参道に接している。ちょうど、「水天宮通り」の突き当りが筑後川だ。しかし、ここも高い堤防で視界は塞がれ、高い空と、遠くの山々しか目に入らない。右手の真木和泉守《まきいずみのかみ》が宮司を務めた水天宮拝殿に向かい一礼。ここから堤防を下り、石垣とコンクリートで護岸された河原に降りてみる。ここは「瀬の下の渡し」といって、対岸に渡るための渡し船が出ていた場所である。通常、大きな河川では川の中央が県境や国境になるが、暴れ川の異名を持つ筑後川は悠々自適に蛇行したため、対岸は長門石町という福岡県久留米市の行政区域になる。地図を俯瞰すると、今も筑後川の左右に福岡県域、佐賀県域が相互に食い込んでいるのが見て取れる。

水天宮境内から見た九州一の大河・筑後川

水天宮一の鳥居の扁額、元帥海軍大将東郷平八郎の手跡

水天宮の拝殿、水天宮は源平合戦での平家慰霊が始まり

「瀬ノ下渡し跡」のプレート、安政の大獄で薩摩に落ちていく勤皇僧月照もここから船に乗った

ちなみに、「瀬の下の渡し」といえば、「安政の大獄」で幕吏に追われる勤皇僧月照が薩摩落ちをする際、船に乗った場所である。前日に水天宮参詣を済ませた勤皇僧月照は、安政五年（一八五八）十月二十一日、この瀬の下の渡しから筑後川を下ったのだった。

河川敷は大楽源太郎が殺害された高野産八幡宮の近辺と同じく、コンクリートで固められていた。下流に向かって歩くが、前方に佐賀県三養基《みやき》郡《ぐん》みやき町に至る「豆津橋」が見える。橋を目標に川沿いを歩くと、対岸の「リバーサイドパーク・長門石ゴルフ場」からはプレイのスタートを知らせるアナウンスが川面を伝って響いてくる。なんとも、のどかだ。

平坦な河畔をのんびり歩くこと十五分。ほどなく豆津橋の橋脚にたどり着いた。この橋は平成五年（一九九五）に架けられ、長さ三五五メートル、幅十二メートルという頑丈なもの。川面からは優に十メートルの高さはあり、現在は二車線だが、四車線の車道を予想して橋げたは作られ

大楽源太郎の従者を殺害した豆津橋方面を筑後川河畔から望見する

ている。その大きさに天を仰いだ。この橋の一帯が豆津浜とも「豆津の渡し」とも呼ばれた場所だが、橋の橋脚を境にコンクリートの河川敷が人の背丈ほどのススキ原に変貌していた。

明治四年（一八七一）三月十六日、山縣源吾、小野清太郎の二人はここで殺害された。島田荘太郎（アジア主義者・武田範之の叔父）、大鳥居菅吉（真木和泉守の甥）、樋口良臣、條本廉造、本山岩之丞、川口誠夫の六人がかりだった。街灯も無い時代だけに、深夜に事を起こすには格好の場所。そう確信できるほど、ススキで視界が塞がれている。

尚、大楽源太郎の従僕である村上要助は津福の墓地か木見神社の境内かで自殺したといわれる。こちらは、鹿野淳二、井上達也、下川蓑助の三人がかりで自殺に追い込んだ。津福の墓地は区画整理などで正確な位置確認は難しい。せめて木見神社でもと探してみたが、明治四十二年（一九〇九）に統廃合されて津福の八幡宮の末社になっているという。その統廃合の改築記念碑の寄進者として井上達也の名前があった。なにやら懺悔の思惑があるのかと、訝った見方をしてしまう。今後も継続して現場を探してみたいとは思うが、年月の経過に抗うことは、実に難しい。

耿介四士《こうかいよんし》の墓

殺害された大楽源太郎主従だが、その墓は久留米市寺町の遍照院《へんじょういん》にある。遍照院といえば、あの「寛政の三奇人」と呼ばれた高山彦九郎の墓所があることで全国に知られる。大楽らの墓は意図的に同所に設けられたという。

遍照院は、西鉄「宮の陣駅」から一駅となりの「櫛原駅」、二駅となりの「西鉄久留米駅」の中間に位置する。寺町という地名の通り、道の左右には寺が並んでおり、有事に対応するため久留米藩領内の寺がここに集められたという。その寺町の一隅に遍照院はあり、高山彦九郎の墓前には楼門が設《しつら》えられている。備え付けの参拝記名帳のページをめくると、群馬県、東京都、千葉県など関東一円からの参拝者の氏名を確認できる。彦九郎の墓前には福岡脱藩浪士・平野國臣が寄進した灯籠が並び、平野の盟友ともいうべき真木和泉守はここで彦九郎の五十年祭の祭主となった。遍照院の近くには、彦九郎が自決した森嘉膳の自宅跡が史跡として遺されており、ここを訪れる方も多い。

この高山彦九郎の墓の真後ろに「耿介四士《こうかいよんし》の墓」として大楽源太郎らの墓がある。「耿介四士」

大楽源太郎らの「耿介四士之墓」、左端に川島澄之助の墓が見える

左から柳瀬三郎、松村雄之進、川島澄之助の墓、大楽源太郎らを殺害したことを悔いて大楽らの墓碑の側にある

と示す通り、大楽源太郎、大楽の弟の山縣源吾、門弟の小野清太郎、従僕の中村要助の四人の合葬墓である。明治三年（一八七〇）三月、古松簡二を頼って大楽源太郎らは久留米にやってきたが、同志ともいうべき久留米藩士らに殺害された。この一連の殺害事件は「大楽源太郎殺害事件」として伝わるが、地元久留米では「久留米藩難事件」に関連する事件として扱っている。この「久留米藩難事件」は明治新政府に対する最初の反政府行動であり、その過程で起きた事件が大楽源太郎らの殺害である。

そして、この「耿介四士の墓」の隣には、川島澄之助、松村雄之進、柳瀬三郎の三人の墓が並んでいる。墓は、明治二十六年（一八九三）に松村雄之進が建てたと案内看板に記されている。

さらに、この三名の墓の左隣には、「辛未《しんみ》遭難志士之墓」がある。墓前の案内看板には、明治四年事件（久留米藩難事件）で遭難した久留米藩関係者の墓碑と記され、明治二十八年（一八九五）に建立された。

まさに、ここ遍照院は高山彦九郎だけでなく、「耿介四士の墓」「辛未遭難志士之墓」、そして、川島、松村、柳瀬らの墓があり、明治四年事件こと「久留米藩難事件」関係者の墓がずらりと揃った場所だった。

＊辛未とは、甲子から始まり六十年で循環する陰陽道《おんみょうどう》の十干十二支での年号をいう。ここでは明治四年を指す。六十歳になって「還暦」を祝う風習は、この十干十二支から来ている。

殉難十志士の慰霊碑

西鉄久留米駅から明治通りを歩くと「寺町」「高山彦九郎墓」の看板が目につく。日本全国から墓参に訪れる方にとって、ありがたい対応だ。その寺町には、宗安寺、心光寺、本泰寺、真教寺、浄顕寺、西方寺、誓行寺、正覚寺、千栄禅寺、妙善寺、医王寺、善福寺、遍照院、徳雲寺という寺が通りの左右に居並んでいる。それぞれの山門前には久留米市が建てた案内看板があり、寺の由緒、葬られている著名人の名前が記されている。

その一枚一枚の案内看板を確認しながら歩く。本泰寺では久留米藩佐幕開明派の不破美作《ふわみまさか》。真教寺では久留米藩の藩校明善堂の創立に尽力した樺島石梁《かばしませきりょう》、高山彦九郎が自決した際の邸の主・森嘉膳。西方寺では久留米藩の近代化、特に久留米海軍の創設に貢献した今井栄の名前を見つけた。一瞬、ここはキリスト教会なのかと見間違える千栄禅寺では、あのブリヂストン創業の石橋家、真木和泉守の両親の墓碑があると記されている。遍照院では先述の高山彦九郎、久留米藩難事件関係者の墓碑があるが、遍照院真向かいの徳雲寺には「殉難十志士の慰霊碑」がある。

徳雲寺門前には、久留米絣の発展に貢献した井上伝《でん》の墓所を示す石柱、看板が建てられている。ここもやはり、千栄禅寺のようなモダンな本堂だったが、その本堂右手脇に「殉難十志士」の慰霊碑があった。これは、明治二年（一八六九）一月二十九日、久留米藩開明派の今井栄、喜多村弥六、久徳与十郎、北川亘、松岡伝十郎、石野道衛、本庄仲太、梯譲平、松崎誠蔵らが「国是の

「殉難十志士之碑」がある徳雲寺全景（久留米市寺町）

殉難十志士の慰霊碑（久留米市寺町・徳雲寺）

妨げ」として切腹を命じられたことから、その慰霊のために建てられた碑である。細長い石碑のように立っており、九名の武士が名誉として毅然として死地に赴いたのだ。（十志士のうち吉村武兵衛は先に大坂で切腹）

全国でも五本の指に入る海軍を擁した久留米藩だが、その功績者は今井栄である。しかしながら、武士の時代、権力闘争に敗れた者は切腹となる。武士の法とはいえ、理不尽を受け入れた彼らに憐憫の情を感じる。それも、激しく対立した久留米藩難事件関係者の墓碑がある遍照院の真向かいにあるというのも、因果だ。

寺町を歩きながら、まるで、久留米藩の内訌（内紛）である「嘉永の大獄」、「久留米藩難事件」という久留米藩の権力闘争の縮図を読み解いているかのようだった。複雑な権力闘争の事情が分かればわかるほど、なんとも重たい気分になる。改築の折、本堂を近代的な建築様式に仕上げた徳雲寺だが、過去を一掃したいという表れなのかと訝ってしまった。

応変隊屯所跡

西鉄久留米駅から北西方向に位置する寺町を歩いたあと、南薫町《なんくん》を目指した。徳雲寺の脇を東に進むと、先述の「殉難十志士」の一人、梯 譲平《かけはしじょうへい》の邸があった場所になる。しかしながら現代、武家屋敷の風情を感じさせるのは石垣と石の門柱くらい。そんな痕跡を確認しながら歩いていると、国道3号線に出た。ここを横断すると西鉄「櫛原駅」がある。その隣接地が南薫町だが、ここに久留米藩応変隊《おうへんたい》の屯所跡が遺っているという。応変隊とは、長州藩の奇兵隊をモデルに、身分に関係なく武士と農商兵が混在した久留米藩の戦闘部隊である。「変に応じて事に処す」とも、臨機応変に有事に対応するということから応変隊と名付けられた。特に、戊辰戦争の箱館戦争では、この応変隊の勇敢ぶりは大いに称賛された。

しかし、現地には応変隊に関する史跡看板はない。村の鎮守様ほどの天満宮があり、何か手掛かりがつかめるかもしれないと思い鳥居を潜った。境内の一画にある集会所からはカラオケを楽しむ人々の歌声が流れ来る。『長崎の鐘』のメロディーを背中に拝殿で参拝を済ますと、一人の

民家の庭先に立つ「久留米（藩）製鉄所跡」碑、田中久重が所長を務めた

今は個人の住宅の応変隊屯所跡、看板も何もなく案内人がいないと分からない

ご婦人がおられたので、「応変隊」の屯所跡をご存じではないかと思い声をかけた。

「田中久重の鋳造所跡なら、分かりますが。ちょっと、待ってください。詳しい人が一人おります」

そう言って、先ほどのカラオケの歌声が響く集会所へと入って行った。そして、カラオケ仲間と思しき八十代の男性を連れてこられた。二人で、「あそこ」「ここ」と目印になりそうな場所を説明されるが、皆目わからない。すると、「ご案内しまっしょ」と言って、慣れた様子で住宅街の路地裏を案内してくれた。途中、田中久重が所長を務めた久留米藩製鉄所跡の碑もあった。とはいえ、個人宅の庭先にあり、肝心の石碑の半分は生垣に隠れ、全体を正面から写真撮影することは難しい。それでも、なんとか撮影を終えると、その近くが応変隊の屯所跡だった。跡といっても、看板も石碑も何もない。まったくの個人の家だけに、それと示されなければ、わからない。

「昔、私らが子供の頃は、この一帯は遊び場所やったです。井戸も遺っとったはずやが」と言いながら、個人のお宅の庭先を横切り、井戸のあった場所を指さされる。そこは、分厚いビニールシートが掛かっており、井戸と言われなければ絶対に分からない。昔、応変隊の屯所はL字型の長屋のような二階建てだったが、今はその三分の一だけが残り、個人住宅となっていた。解説を伺いながら立ち話をしていると、向いの家の方が出てこられた。

「二階は天井が低くて、どこかに刀傷もあるとか聞いたことがあります」

と話してくれた。

すると、遊び場所だったと語ってくれた八十代の男性が、子供の頃、古老から聞いた話として応変隊の連中は昼間から酒を飲む、暴れるで、大変な一団だったと教えてくれた。その仲間には、大分から来た人がいたという。思わず、その大分から来た人というのは大楽源太郎の事ですかと尋ねると、「わからん」と一言。

「なんせ、子供の時の事だったもんで、詳しゅうは、聞いとらんもんなぁ」

豊後の鶴崎（大分県大分市）から来た大楽源太郎という言葉を期待したが、それは、ムシが良すぎる。

応変隊を創設したと伝わる水野正名は、三條実美ら五卿が慶応元年（一八六五）に太宰府天満宮延寿王院（福岡県太宰府市）に移転してきた際、その側近の一人だった。王政復古の後、久留米藩の実権を掌握すると、次々に久留米藩政を改革し、かつての政敵を処断した人だった。しかし、久留米藩難事件に連座して失脚。青森県弘前の獄中で亡くなった。

地元久留米の方々に、幕末から維新にかけての話を伺おうにも、明解な答えは返ってこない。それは、複雑怪奇に入り組んだ権力闘争の果てに、次世代に繋ぐべき人々が粛清の嵐に巻き込まれ、ことごとく生命を絶たれたからに他ならない。

もう一つの川島澄之助の墓

大楽源太郎を殺害した川島澄之助らは、後年、大楽らの合葬墓「耿介四士の墓」の隣に墓を建てた。久留米藩知事（旧藩主）の有馬頼咸《ありまよりしげ》を護るためとはいえ、大楽らを殺害したことを悔いて、川島澄之助、松村雄之進、柳瀬三郎の三名は側に墓碑を遺した。大楽らの慰霊参拝に訪れた方々は、「こいつらが、大楽先生を殺した」として川島、松村、柳瀬の墓に呪いの言葉を吐きかけることだろう。それを見越し、侮蔑の言葉を一身に受けることで、謝罪の意思としたのではないか。

ただ、川島の場合、遍照院の墓碑の他に無量寺（久留米市本町）にも墓がある。そこで、何か手掛かりが得られないかと無量寺を訪ねた。無量寺は西鉄久留米駅から明治通りをJR久留米駅方向に向かって進んだところにある。本町の交差点を左に折れて程なく、寺の山門前に行きつく。墓地は本堂の裏手にあり、およそ百棹余の墓石が林立していた。本堂や墓地を囲む高い建物がないため、墓石は明るい太陽の光に曝されていた。幸い、苔むした墓石ではないことから、容易に名前を確認することができる。一つ一つを確認して歩くと、墓地のほぼ中央に「川島澄之助家」と刻まれた墓石があった。その墓石を認めた瞬間、脳裏には宮地嶽神社（福岡県福津市）の川島の銅像が浮かんだ。神官の装束に身を包んだ川島の像だが、立体的な銅像と無機質な墓石とが容易に結びつかない。川島が書き遺した『久留米藩難記』からは年月の経過を感じることができるが、目前の墓碑からは時間が止まったままの印象を受ける。墓前で『久留米藩難記』を基に、「久留米藩難事件」を読み解きたいと報告をした。

この無量寺の近くには、久留米が生んだ世界的な画家である青木繁の旧居跡が近い。そこで、少し歩いてみることにした。青木繁といえば「海の幸」「わだつみのいろこの宮」が有名だが、いずれの作品にも妻ともいうべき「福田たね」が描かれている。実に面白い作品と思う。

青木の旧居跡への道々には案内看板が幾つもあるので簡単に見つかった。その青木の旧居跡の真向かいに「漢学者江碕済《えざきわたる》屋敷跡」の石柱があった。現在は別の方の家になっているが、ここが江碕の旧居だったのかと思うと驚いた。

青木繁旧居跡にある代表作「海の幸」の碑（福岡県久留米市）

明治時代になっても権力闘争に明け暮れる久留米藩だったが、明治四年の「久留米藩難事件」の騒動を避け、江碕は矢部村（福岡県八女市）の奥地に身を隠した。もともと、藩校明善堂の教員でもあった江碕だけに、教えを受けたいとして隠遁先に青年たちが押し掛けてきた。さらに、乞われて現在の八女市黒木町に私塾を開いた。それが「北汭義塾《ほくぜいぎじゅく》」と呼ばれるものだが、この塾からは三傑と呼ばれる門人が出ている。アメリカのポテト王と呼ばれた牛島謹爾《うしじまきんじ》、三越百貨店を創設した日比翁助《ひびおうすけ》、陸軍大将の仁田原重行《にたはらしげゆき》（谷三郎）である。無量寺に眠る川島澄之助も、かつて、小河真文《おごうまふみ》、古松簡二という先輩たちの教えを受けた。久留米藩難事件に巻き込まれなかったら、川島はどんな人生を送ったことだろうか。

江碕済屋敷跡の石柱がある家

ちなみに、青木繁の父も、久留米藩応変隊の隊員であったといわれる。家が真向かいであった青木の父・廉吾と江碕済とは、久留米藩の未来について語り合ったことはあったのだろうか。

関連年表――明治四年・久留米藩難事件を中心に

元和七年（一六二一）　有馬豊氏が初代久留米藩主となる

弘化元年（一八四三）　六月　有馬頼永が第一〇代藩主に就任

弘化三年（一八四六）　一〇月一二日　有馬頼咸が第一一代藩主に就任

嘉永三年（一八五〇）　六月一四日　村上守太郎、馬淵貢に切りかかる（村上守太郎刃傷事件）

嘉永五年（一八五二）　二月二七日　久留米藩「嘉永の大獄」水野正名、真木和泉守ら処罰

嘉永六年（一八五三）　六月三日　アメリカのペリー艦隊浦賀に来航。七月一八日　ロシアのプチャーチン、長崎来航

嘉永七年（一八五四）　三月三日　幕府・日米和親条約を締結

安政四年（一八五七）　八月二九日　幕府・オランダと自由貿易の特約（副章）締結

安政五年（一八五八）　一月一二日　日米修好条約締結。四月二三日　井伊直弼大老に就任。九月七日「安政の大獄」で梅田雲浜ら捕縛される。一〇月二一日　薩摩落ちの月照、水天宮「瀬の下の渡し」から乗船。一一月一六日　西郷隆盛、月照、薩摩錦江湾に入水

安政六年（一八五八）　六月五日　日米修好通商条約締結

万延元年（一八六〇）　三月三日「桜田門外の変」幕府の大老井伊直弼暗殺される

文久二年（一八六二）　二月一六日　真木和泉守は水田の幽居を脱出。四月二三日　京都伏見「寺田屋事件」で真木和泉守ら捕まる

文久三年（一八六三）　二月四日　幽囚中の勤皇党の赦免。四月一三日　真木和泉守ら再び捕まる。五

月一七日　真木の赦免、二六日には水野正名も。
六月一一日　真木主導での久留米、長州の「米長同盟」成立。七月　勤皇党の池尻葛譚は学習院御用掛として上京。八月一四日　真木の門下生が「大和義挙」に参加。八月一八日「八月十八日の政変」真木、水野、池尻らは三條らの護衛で長州へ。九月　池尻葛譚は久留米に帰藩。一〇月「生野の変」で真木の盟友平野國臣が決起。一〇月二五日　水野正名、木村三郎、池尻葛譚ら二五名幽閉

元治元年（一八六四）一月　久留米藩は雄飛丸を購入。三月二七日「筑波山義挙」に古松簡二、相楽総三らが参加。四月　今井栄が開成方、開物方、成産方の三局を設ける。六月五日　池田屋事件で渕上郁太郎（真木の門弟）負傷。七月一一日　佐久間象山が川上彦斎に暗殺される。七月一九日「禁門の変」で真木、池尻茂四郎、松浦八郎ら自決

慶応元年（一八六五）一月一五日　三條実美ら五卿が太宰府へ、水野正名、真木外記ら随従

慶応二年（一八六六）八月二五日　今井栄らは長崎に赴く。九月三日　今井栄ら上海に密航、艦船二隻購入。一一月一五日　英国士官アストン来久、藩主、国老と会見

慶応三年（一八六七）二月一八日　渕上郁太郎、柳河（川）で刺殺される。三月三日　宇佐四日市陣屋管理を幕府から受託。一一月六日　千歳丸を含め七隻での久留米海軍成立。一一月一九日　勤皇党幽囚者を解放、池尻葛譚は終身刑が解けず。一二月九日「大政奉還」。「王政復古」の大号令。「王政復古」の大号令に伴い勤皇派への大赦令通知。一二月二一日　三條実美ら五卿が上京、水野正名ら随従。一二月二五日　肥前佐賀藩の使者が久留米へ、不破美作が対応

慶応四年（一八六八）正月　池尻を除く久留米勤皇党員は赦される。一月一四日　宇佐四日市陣屋が何者かに襲撃される。一月二六日　小河真文ら佐幕派参政不破美作を暗殺する。二月五日　小河真

文ら不破美作暗殺犯全員が赦免。二月六日　池尻葛譚が赦免、出牢。二月二〇日　藩主の有馬頼咸上京、川島澄之助が随従。二月二四日　水野正名、参政に復帰。三月一日　有馬監物は引退（永蟄居）、四月一一日に死没。三月二七日　上野戦争に参戦決定。四月　水野正名は参政、中老として開明派に大弾圧を加える。四月一八日　吉村武兵衛大坂で切腹、今井栄らは揚屋入り。五月一五日大村益次郎指揮の上野戦争開始。六月　池尻葛譚は藩校明善堂の助教授に。六月二三日　応変隊の編成。八月一六日　青蓮院宮は広島に配流

慶応四年（一八六八）九月八日、「明治」と改元

明治元年（一八六八）九月二二日　会津藩降伏。九月二二日　箱館戦争に参戦決定。一〇月二三日宇佐四日市陣屋を新政府に返還。一〇月二八日河上彦斎、豊後鶴崎の郷士隊長を命じられる

明治二年（一八六九）　熊本藩は豊後鶴崎に有終館を設ける。一月五日　横井小楠暗殺される。一月二五日　今井栄ら九人切腹。二月七日　藩主頼咸、版籍奉還。二月八日　藩主頼咸、天皇の東京前駆を拝命。二月一四日　藩主頼咸、軍務官副知事に。四月　新政府は「東京大会議」を開く。四月一七日　佐々金平、箱館戦争で戦死。五月一日　西郷隆盛、箱館戦争の支援で軍を率いる。五月一八日榎本武揚降伏、箱館戦争終結。六月　新政府は各藩に一万石に対し二五〇〇両の官札と正金との交換を命じる、久留米藩は五二五〇〇両ほど。六月小河真文は家督を弟の邦彦に譲る。六月二日　藩主頼咸に一万石が下賜される。六月一七日　版籍奉還で頼咸は藩知事に、水野は大参事に就任。六月末　出兵していた藩兵は久留米に凱旋。七月二八日　藩庁を久留米城に設ける。八月一四日　藩知事頼咸、高良山に居を移す。九月四日、大村益次郎襲撃される（二か月後に死去）。九月九日三枝嘉蔵、奸商として小河邦彦らに殺される。九月一五日　従来の士族の等級を五つに区分。一一月　古松簡二は久留米に帰藩、小河真文と七生隊を編成。一一月　佐田白芽（外務省出仕）が征韓

論を主張、藩知事頼咸は朝鮮討伐を命じる、古松簡二らは朝鮮征伐の研究開始

明治三年（一八七〇）一月　大教宣布（神道を国教と定める）。一月二一日　山口藩（長州藩）の「脱退兵騒動」起きる。二月六日　川島澄之助は山口藩へ、二月一二日に毛利侯と会う。二月一二日　山口藩の「脱退兵騒動」鎮圧される。四月小河邦彦ら一七名が高良山御殿の藩知事に藩政改革を直訴。四月～五月　山口藩（長州藩）の大楽源太郎や脱退兵らが久留米藩に潜入を始める。七月　熊本藩は豊後鶴崎の有終館を閉鎖、河上彦斎は郷士隊長を解任。七月三日　西郷隆盛、鹿児島藩大参事に就任。七月一八日　福岡藩贋札事件発覚、久留米藩の商人中島屋武助が連座。七月一九日頃　川島は佐藤喜久次と鶴崎（大分）の河上彦斎に面会。一一月一七日　一万人規模の日田百姓一揆発生、政府は大楽らの煽動とみる。一二月五日　青蓮院宮は京都で謹慎。一二月一九日　応変隊解兵、久留米藩常備隊に編入。一二月中旬頃古松に弾正台から喚問状、小河真文に日田弾正台から呼び出し。一二月二四日　政府の巡察使四條隆謌は九州視察に向かう

明治四年（一八七一）一月二日　巡察使四條隆謌が久留米、柳河、福岡を視察。一月九日　廣澤真臣暗殺される。一月　山口藩（長州藩）が政府に脱退兵騒動で久留米藩討伐の建白書を提出。二月山口藩の脱退兵騒動は政府の重要問題となる。二月　大参事水野正名、三條実美の呼び出しを受ける。二月　鹿野淳二、藩庁に徹底抗戦の建白書提出。二月一三日　藩知事有馬頼咸、大楽源太郎と会う。二月一三日　山口、熊本、土佐、薩摩の藩兵による出兵決まり四條隆謌は巡察使として日田に入る、薩摩は出兵せず。二月一三日　大楽らは宮川渉邸で決起の密議を交わす。二月二一日　古松簡二は東京へ護送される。二月　巡察使四條隆謌が日田に駐屯。三月初旬　川島澄之助、日田百姓一揆の実情探索を終え、久留米に。三月一〇日弾正台は藩知事頼咸を呼び出し謹慎を命じる。三

月一三日　水野正名、澤之高、小河真文は日田に連行。三月一四日　太田要蔵、横枕覚助、寺崎三矢吉ら一〇人が日田に連行。三月一六日　島田、川島らで大楽源太郎らを殺害（当事者による事件の自己解決）。三月一九日頃　川島は藩命で藩難回避のため長崎経由、鹿児島へ。三月二四日　有馬孝三郎、大鳥居菅吉ら藩難回避のため鹿児島へ。三月二六日　巡察使四條隆謌が久留米高良山に進駐。三月二八日　巡察使は久留米藩の武器庫を点検。三月二九日　鹿児島の大山格之助（綱良）が久留米に来て、四條隆謌を詰問。四月　巡察使に従う各藩兵は部隊を引き上げ。四月九日頃　川島らは鹿児島から久留米に帰る。四月一〇日　薩摩藩兵が久留米に入ったことで藩難は解決。四月一七日　水野正名、小河真文、古賀十郎ら一一人が東京に連行。四月中旬　水野らは東京到着。五月一四日　元応変隊の暴発未遂。六月二六日　西郷隆盛、木戸孝允が参議に就任。七月一四日　廃藩置県。八月一日　元応変隊の楠広之進が高良山で決起、西海鎮台派兵。九月一二日　藩札、印刷機など押収される。一一月一四日　岩倉使節団出発。一一月一四日　三潴県設置され久留米藩を編入。一二月三日　藩難事件の判決が下り小河真文は斬首、水野正名、川島澄之助らは監獄に。一二月末　久留米藩の全ての艦船は政府が押収

明治五年（一八七二）一月六日　青蓮院宮謹慎解除。一月七日頃　川島ら熊本藩監獄に到着。二月　武士秩禄処分の外債募集に出発。一一月九日　太陰暦から太陽暦へ。一一月九日　水野正名が青森県弘前の獄中で死没。一二月三日　河上彦斎の刑死（斬首）

明治六年（一八七三）一月　武士秩禄処分の外債二四〇万ポンド契約成立。六月　筑前竹槍一揆。六月一二日　西郷隆盛の「征韓論」起き八月一七日閣議決定。七月二八日　地租改正条例公布。一〇月二三日「征韓論」に敗れ西郷は鹿児島に帰る

明治七年（一八七四）一月　岩倉具視襲撃される。二月　佐賀の変。四月　台湾出兵。八月二一日、

三潴県（久留米藩など）は福岡県に編入

明治八年（一八七五）二月　愛国社全国大会。五月八日　青蓮院宮は親王に復帰。九月二〇日　朝鮮・江華島事件起きる

明治九年（一八七六）三月　朝鮮との江華島条約締結。一〇月二四日　神風連の変。一〇月二七日　秋月の変。一〇月二八日　萩の変

明治一〇年（一八七七）二月七日　西郷隆盛の東上開始（西南戦争）。西南戦争での戦費調達の為に紙幣の乱発。三月　福岡の変。川島らは西南戦争勃発で特赦出獄。五月二六日　木戸孝允死去。九月　鹿児島の城山陥落、西郷死没、西南戦争終結

明治一一年（一八七八）三月　大久保利通発案の安積開拓始まる。五月一四日　大久保利通暗殺。九月　川島は大阪の愛国社再興大会に久留米代表として参加。川島は福岡県令・渡辺清と争う。一一月一一日　安積開拓団の久留米先発隊が到着。一一月一三日　池尻葛譚死去

明治一二年（一八七九）三月　愛国社第二回大会に川島は参加。一一月　愛国社第三回大会

明治一四年（一八八一）五月二一日　旧藩主有馬頼咸死去

明治一五年（一八八二）六月一〇日　古松簡二獄中死

明治二二年（一八八九）二月一一日　大日本帝国憲法発布

明治四四年（一九一一）九月　川島澄之助が『久留米藩難記』を上梓

大正元年（一九一二）一二月　川島澄之助は宮地嶽神社に社司として就任

昭和七年（一九三二）二月、三月　血盟団事件。五・一五事件

昭和一一年（一九三六）二・二六事件

石碑原文（句読点は、『久留米碑誌』に従う）

小河真文先生碑

先生諱真文、称吉右衛門、旧久留米藩士小河新吾長子、母辻氏、嘉永元年、生于篠山町、年十六、喪父継家、食禄三百石、天資英邁、読書不治章句、独慕古人奇節偉行、夙懐勤王之志、維新中興之際、時論鼎沸、或勤王或佐幕、列藩迷去就、誤順逆者多焉、我久留米藩真木泉州者、唱勤王大義、後進子弟、聞其風起者不尠、然有司頑固、倚権勢横暴無不至、苟唱異論者、一網打尽、擠排無遺、然而幕府瓦解之端、既兆于此時、故一誤向背、則遺禍於千載、竟不可復悔、於是、先生憤慨不能惜、自奮欲絶禍根、陰与同志謀、要之道路、殪其渠帥、藩論乃一定、其後先生擢在顕要、参与藩政、釐草宿幣、声望日隆々、客四集、既有辛未之難、長州人大楽源太郎、脱奇兵隊来本藩、藩士之間、有庇護之者、事触朝廷之忌諱、先生与執政水野正名・沢四兵衛等、檻到東京、鞠訊極峻、而問罪之師既莅国境、藩主亦待罪於弾正台、上下騒擾、本藩存亡殆不可測、当時藩中不置有志之士、然世態紛糾、人各抱疑懼、不知所為、独先生挺身当衝、犠牲其身引罪、以雪藩主之寃、救一藩於危急存亡之中、可謂君辱国危而授命者矣、時年廿五、実明治四年十二月三日也、先生為人、襟度寛宏、頗有大人之風、一旦事有事、則毅然不可犯、蓋忠孝節義出於至性、毎置赤心於人腹中、故同志之畏敬、従視如厳師、伝聞、其将就死刑也、弁論壮烈、神色不動、法官亦頗感動、心窃惜殺天下之士、忍涙下判決云、嗟呼、先生殉国之節、靖難之功、赫々如此、豈可付之煙滅乎、先生之墓在、東京当光寺、題云池田八束之墓、蓋韜晦変姓名也、香花久絶、埋没乎荒烟蔓草之中、於是□故胥謀、大正三年四月、移遺骸於久留米市梅林寺、別建碑於篠山城址、将表其義烈、乃略叙其事蹟、係以銘曰、

篠山之城　藩祖奠祠　茲表忠烈　長留豊碑　千載契久　水魚相依　先生有霊　其憙可知

大庭陸太　撰書

水野正名先生碑　篠山町　篠山神社境内

幕府之末造、国論鼎沸、曰勤王、曰佐幕、諸藩各迷其去就、狐疑不決、蓋幕府秉政之久、情実纒綿、利害相軋、而士大夫各異出処、雖雄邦大藩、不能出快刀断乱麻之挙、失機於一時、而貽恨於千載者、亦不鮮也、当此時、敢然而起、提天下勤王兵、将大有所為、進入京、一戦不利、呑恨隕命者、吾久留米藩有真木和泉守、又与之同其志、而能輔藩主定衆論、以資皇政維新之功者、是為渓雲斎水野先生、先生諱正名、通称丹後、渓雲斎其號、孝諱正芳、二弟吉田丹波、諱博文、稲次因幡、諱正訓、皆勤王士也、先生天資聡明、剛毅果断、気節凛采、眼光射人、夙嘆皇室式微、陰抱回天大志、天保十四年、擢為奏者番、嘉永五年、与二弟及真木和泉守・木村重任等、倶献改革

藩政之議、為当路者所忌、幽囚実十有二年矣、既而世情暫変、長藩国老国司信濃、与大納言中山忠光卿、同来于久留米、面藩主頼咸公、勧解諸士幽囚、親藩津和野侯、亦有所説、因始得解焉、時文久三年五月也、尋受藩命上京、往来諸藩志士間、嶄然露頭角、以特旨拝学習院御用掛、八月、将有大和行幸事、俄而廟議一変、七卿避難西下、先生陪随在三田尻及太宰府四年有余、数排危難、能輔佐之、是以尤為三条公所信頼、而諸藩志士亦甚重焉、慶応三年十二月皇政復古、従諸卿還京、吾藩政為、佐幕派所壟断、於是勤王派志士相謀、遂斬当路執権者、唱義以定藩論所向、蓋含先生之内意也、明治元年二月、先生為参政、三月帰国、日夜勉励、大釐草藩政、七月従藩主上京、九月兼公議人、応下問有所奉答、二年八月、従藩主帰国、尋任大参事、信任愈厚、声望益隆、四年正月、応三条公召赴東京、亡幾帰国、施行新制度、先是、長州藩有内訌、奇兵隊脱徒大楽源太郎等、潜匿于吾城下、藩士中有与密通謀者、長藩探知、訴之於政府、政府乃遣巡察使四条少将偵藩情、視能奉朝旨以行新政、意雖嘉之、而猶疑其庇護大楽等、三月再使四条少将率山口、熊本両藩兵、屯近郷、訊問甚急、時藩知事頼咸公在東京、事固非所与知、而政府以兵囲赤羽根邸、令弾正台糾弾公、報至、一藩震駭、不知其所惜、於是志士等密相議、慮禍或及公、陰誘大楽等殺之、事忽露、皆見補、而先生以執政故、挺身当藩難、従容就義、自負其責、遂見檻到于東京、十二月除族処終身禁獄、翌年十一月九日、病歿于青森県弘前獄中、年五十、親戚請遺骸、葬之于其地長勝寺、埋遺髪于久留米隈山正源寺丘上、後遭大赦除罪名、有一女曰万、昭和七年十月死、無嗣、先生襄竭力于王事、其功績最多、是故三条公屢下内命、大欲登庸、辞以藩政改革多事而止、若夫拝命立廟堂乎、雲龍風虎、其勲業必有可刮目而見者、嗚呼吾藩勤王士、為天下先駆者、空埋屍於天王山、而如先生為之殿者、一旦得志、亦不幸遭厄而斃誰不慨其末路哉、今茲距其死六十有二年、有志者胥謀、建碑以不朽其事蹟、予少壮受教於先生、奔走国事感其高風、乃不顧不文、払涙略叙所知云爾

昭和八年五月　伯爵　有馬頼寧　篆額
従五位勲五等　川島澄之助　謹撰
大坪春山　敬書

古松簡二漢詩碑

題自像

狂乎真惟狂　老狂四十年
布衣憂天下　降替漫許身
論才非韓曰　豈智比張陳
読書破万巻　精微泣鬼神
正教奉神道　真理説民権

民権与神道　欲以興斯民
狂乎狂未悉　添迂称其真
雖然方今際　無比迂狂人

久留米藩難事件処罰対象者

小河真文（おごうまふみ）　久留米県士族、国家反逆罪、庶人に降し斬罪、明治四年十二月三日執行

水野正名（みずのまさな）　久留米県士族、庶人に降し終身禁獄、久留米藩大参事、明治五年十一月九日獄中死、真木和泉守の盟友、甥は久留米の女子教育に貢献した渡辺五郎

吉田博文（よしだひろふみ）　久留米県士族、庶人に降し終身禁獄、久留米藩権大参事、丹波とも、水野正名の弟、明治五年正月、鹿児島への護送の船中で没（他殺との説も）

寺崎三矢吉（てらさきみやきち）　庄屋、国家反逆罪、終身禁獄、明治十一年四月二十九日恩典出獄、同年五月二十一日廣澤真臣暗殺の疑いで逮捕、明治十五年三月十八日に特赦出獄、中村彦次の甥

島田荘太郎（しまだそうたろう）　久留米県士族、庶人に降し禁獄十年、妹が澤之高に嫁ぐ、アジア主義者の武田範之は甥

樋口良臣（ひぐちよしおみ）　久留米県士族、庶人に降し禁獄七年、明治十年特赦、鹿野淳二と製糸業務を営む

川口誠夫（かわぐちまさお）　久留米県士族、庶人に降し禁獄七年、福島安積開拓、北海道八雲開拓

本山岩之丞（もとやまいわのじょう）　久留米県士族、庶人に降し禁獄七年、応変隊、明治十年十月死没

井上達也（いのうえたつや）　久留米県士族、庶人に降し禁獄七年、応変隊、福島安積開拓、真木和泉守の門弟

柳瀬三郎（やなせさぶろう）　久留米県士族、庶人に降し禁獄七年、大楽殺害、有馬蔵人（大助）の家来、教員、

戸長、村長、真木和泉守銅像建立貢献者
松村雄之進（まつむらゆうのしん）神官、庶人に降し禁獄七年、大楽殺害、衆議院議員、久留米開墾社社長、台湾新竹支庁長、北海道宗谷、川上支庁長、七生隊、明治二十二年前科消滅、権藤松門（農本主義者・権藤成卿の父）の門下生
吉田足穂（よしだたるほ）久留米県士族、庶人に降し禁獄七年、大楽殺害、戸長、郡長を歴任
太田茂（おおたしげる）久留米県士族、庶人に降し禁獄七年、大楽殺害、陸軍用掛、福島安積開拓、郡長、応変隊
篠本廉蔵（しのもとれんぞう）久留米県士族、庶人に降し禁獄七年、殺害、少監察、応変隊
川島澄之助（かわしますみのすけ）久留米県卒、庶人に降し禁獄七年、大楽殺害、明治二十二年前科消滅、宮地嶽神社社司、大蔵官吏、郡長
下川蓑助（しもかわみのすけ）久留米県卒、庶人に降し禁獄七年
鹿野淳二（かのじゅんじ）久留米県士族、庶人に降し禁獄七年、殺害、大楽の従僕を自殺に、応変隊、福島安積開拓、実業家、福岡県議会議員、福陵新報（新聞）創業
森尾茂助（もりおもすけ）久留米県士族、庶人に降し禁獄七年、明治十年仮釈放、福島安積開拓、和歌山・山梨・宮崎警察部長、台湾台東庁長、応変隊
田中隆吉（たなかりゅうきち）久留米県卒、庶人に降し禁獄七年、大楽源太郎を匿う
小河納八（おごうのうはち）久留米県卒、庶人に降し禁獄七年
原行雄（はらいくお）久留米県卒、庶人に降し禁獄七年、逓信省官吏、実兄は真木和泉守の門弟原道太
石橋六郎（いしばしろくろう）医師、庶人に降し禁獄三年、福島安積開拓、福島・山梨・高知警察官、台

湾民政局員
太田要蔵（おおたようぞう）　久留米県卒、禁獄三年（生死不確かのため存命であれば）
前田九一（まえだくいち）　久留米県卒、庶人に降し禁獄三年、明治六年広島で獄中死
井上敬之助（いのうえけいのすけ）　久留米県卒、庶人に降し禁獄三年
横枕覚助（よこまくらかくすけ）　庄屋、禁獄三年、大楽を隠匿、殉国隊、戸長、郡長、山梨県警察部長、
　真木和泉守の門弟
鵜飼広登（うかいひろと）　久留米県士族、庶人に降し禁獄三年、久留米藩少参事、区長、郡長、福島安積開拓、
　水野正名の参謀格
為太郎（ためたろう）　禁獄三年
横枕兎平（よこまくらうへい）　庄屋、禁獄一年半、横枕覚助の父
宮川仙吾（みやがわせんご）　郷士、庶人に降し禁獄一年
師富進太郎（もろどみしんたろう）　庄屋、禁獄一年、松浦八郎（禁門の変で自決）の末弟、八郎と大楽源
　太郎は既知の関係、次兄の虎作の子息が松浦寛威、松浦淳六郎陸軍中将
吉富門蔵（よしとみもんぞう）　庄屋、禁獄一年
国武鉄蔵（くにたけてつぞう）　商人、禁獄一年、横枕覚助の弟、久留米藩常備隊輜重掛
宮川渉（みやがわわたる）　久留米県士族、庶人に降し禁獄一年、自邸での反政府の密議に参加
井上格摩（いのうえかくま）　久留米県士族、庶人に降し禁獄一年
中村彦次（なかむらひこじ）　庄屋、禁獄一年、寺崎三矢吉の叔父、横枕覚助、師富進太郎の仲間、小学校長、
　郡長、衆議院議員、島根県知事、若き日豊後日田の咸宜園に学ぶ

狩野三雄（かのうみつお）　久留米県士族、庶人に降し禁獄百日
武田禎助（たけだていすけ）　医師、庶人に降し禁獄百日、アジア主義者の武田範之の養父
竹下亥雄（たけしたししお）　医師、庶人に降し禁獄百日
奥村虎之助（おくむらとらのすけ）　久留米県士族、庶人に降し禁獄百日、小河邦彦家来、奸商襲撃
浅川彦助（あさかわひこすけ）　庄屋、禁獄百日、古松簡二の仲間、平彦助か
吉川新五郎（よしかわしんごろう）　久留米県士族、庶人に降し禁獄百日、有馬蔵人（大助）の家来、剣道

師範

佐藤喜久次（さとうきくじ）　久留米県卒、庶人に降し禁獄百日
岩橋敬吉（いわはしけいきち）　久留米県卒、庶人に降し禁獄百日、岩橋森二の弟
田島清太郎（たじませいたろう）　久留米県卒、庶人に降し禁獄七年
森光藤蔵（もりみつとうぞう）　久留米県卒、庶人に降し禁獄七年
田中順作（たなかじゅんさく）　久留米県卒、庶人に降し禁獄百日
赤司政一郎（あかしせいいちろう）　久留米県卒、庶人に降し禁獄百日、田中隆吉の仲間
小塩仙吉（おしおせんきち）　久留米県卒、庶人に降し禁獄九十日（自訴につき百日から減刑）
坂田忠衛（さかたただえ）　水野正名従僕、庶人に降し禁獄九十日、脱籍
松尾弥兵次（まつおやへいじ）　水野正名従僕、庶人に降し禁獄九十日、脱籍
清水清庵（しみずせいあん）　医師、庶人に降し禁獄四十日、古松簡二の父
謙造（けんぞう）　禁獄四十日、八女北川内村久木原掛の者
大坪官吾（おおつぼかんご）　庄屋、禁獄四十日、師富進太郎の仲間

澤之高（さわゆきたか）　久留米県士族、庶人に降し禁獄三十日、佐波半平とも、三潴郡長、佐賀県庁職員、
　小河真文家とは親族、妻は島田荘太郎の妹、アジア主義者武田範之の父
奥村新蔵、新造（おくむらしんぞう）　久留米県士族、有馬泰秋僕、罰金二両二分
吉富亀次郎（よしとみかめじろう）　久留米県士族、お構無し、吉富復軒とも、岡崎恭助、堀内誠之丞の知人、
　門人にアジア主義者の武田範之
古松簡二（ふるまつかんじ）　久留米県士族、庶人に降し終身禁獄、清水真卿、権藤真卿とも、明治十五年
　六月十日獄中死、同郷の盟友に真木和泉守、水野正名、池尻葛覃、松浦八郎、他郷に宮部鼎三、岡崎恭
　助、堀内誠之丞、丸山作楽、北畠治房、谷干城などの知人、横井小楠に感化される
大鳥居信任（菅吉）（おおとりいのぶと）　神官、庶人に降し禁獄七年、真木和泉守の甥、明治七年七月十三
　日獄中死、応変隊、角大鳥居照雄とも

《その他の処罰関係者》
青蓮院宮（しょうれんいんのみや）（中川宮）　反政府決起の首領（未遂）
愛宕通旭（おたぎみちてる）　従四位、武士に降し切腹
外山光輔（とやまみつすけ）　従四位、武士に降し切腹
高田源兵衛（たかだげんべい）　熊本藩、庶人に降し斬首、川上彦斎とも
初岡敬二（はつおかけいじ）　秋田藩、庶人に降し斬首
疋田源二（ひきたげんじ）　愛宕卿家扶、庶人に降し斬首
古賀十郎（こがじゅうろう）　柳川藩、庶人に降し斬首

鹿家松次（かげまつじ）　鉄砲小路足軽、斬首
吉田藤太（よしだとうた）　鉄砲小路御手先足軽、斬首
笠林太郎（かさばやしたろう）　野中村足軽、終身禁獄、獄中死
矢賀部平次郎（やかべへいじろう）　古松簡二の甥
今村圓兵衛（いまむらえんべい）　詳細不明
服部仏仙（はっとりぶっせん）　詳細不明

あとがき

機会があって、万葉集研究で著名な上野誠さん（國學院大學教授）の講演を聴いた。高校まで福岡市内で育った氏は、地元ネタ、自虐ネタを交え、聴衆の笑いをとりながら話を進められた。その講演の最後になって、自身の母方の曽祖父である柘植善吾という久留米出身の人のことを語られた。柘植善吾という名前を聞いて、聴衆の多くに反応は感じられなかった。しかし、柘植善吾という名前を耳にし、私は大いに驚いた。さすが、血筋は争えないと感じ入ったのだった。

柘植善吾の実父は柘植伝八といって、慶応元年、三條実美公ら五卿が太宰府天満宮の延寿王院に移り来た時、この五卿警備役で久留米藩から送り込まれた一人だった。更に、柘植善吾からいえば祖父にあたるのが柘植仰《のぶ》厚という久留米藩校に学び、真木和泉守にも師事して国学を学んだ人だった。仰厚の妻は、久留米藩校明善堂創設に尽力した樺島石梁の娘でもある。

この柘植善吾だが、藩命で長崎に赴き英語を学び、英国人アストンが久留米に来て藩主に会った際の通訳である。英国留学も果たし、久留米の英語教育にも貢献し、久留米海軍の千歳艦の幹部乗員でもあった。明治四年の久留米藩難事件の際、藩知事の有馬頼咸が弾正台での取り調べ中、有利な答弁ができる内容の紙片を頼咸の足下に投げたという武勇伝もある。系譜によれば、柘植善吾の妻は板垣鉄太郎の娘という。板垣鉄太郎といえば、その長男・板垣太郎は不破美作暗殺事件に関係し、玄洋社の頭山満とは昵懇の仲であり、内田良平が黒龍会を創設した際にも参画した人物だ。上野誠氏は久留米藩難事件に関し、何も口にされなかったので、事件の全貌や経緯などについて、氏には伝わってはいないのだろう。

ところで、私は平成三十年（二〇一八）四月十四日、久留米市御井町で「権藤成卿生誕百五十年祭」において「権藤成卿と玄洋社・黒龍会」として講演会の講師を務めた。ところが、権藤の故郷である久留米でも、福岡県内でも、広くこの権藤成卿の名前や事蹟を知る人は少ない。この権藤成卿こそ「血盟団事件」「五・一五事件」での思想的背景にいる人であり、陽明学者の安岡正篤の金鶏学院で教鞭をとった人である。更には、権藤成卿は黒龍会の内田良平と歩調を一にして黒龍会発展に寄与した人でもある。多面的に玄洋社、黒龍会の歴史を深く理解することにつながる。それだけに、前述の板垣太郎のように、久留米の人士で玄洋社、黒龍会関係者と交流があったとの事実は見逃せず、冒頭の上野誠氏が放った「柘植善吾」という名前に敏感に反応してしまう。

これに限らず、久留米の歴史をたどることは、日本の近代史を俯瞰することになる。ブリヂストン、東芝、月星（ムーンスター）ゴムという日本の近代産業の基盤を支えた地であり、今も「軍都久留米」を継承する陸上自衛隊幹部候補生学校がある。一九六四年東京オリンピックのマラソン競技で銅メダルを獲得した円谷幸吉選手もこの幹部候補生学校に籍を置いた一人だ。幹部候補生学校の恒例行事では学校と高良山とを往復する記録会があるが、いまだ、円谷幸吉選手の記録は破られていない。その高良山には南北朝時代の懐良親王の山城跡も遺っている。掘り下げれば掘り下げるほど、未知の史実に出くわすのが久留米だ。

青木繁、坂本繁次郎、吉田博、高島野十郎、古賀春江などの画家を育み、チェッカーズ、松田聖子という芸能界で活躍する人々を生み出し、とんこつラーメンの発祥の地であり、幾重にも折り重なる人材を輩出した地である。さほどの歴史遺産を内包する久留米でありながら、惜しむらくは、美術館やコンサートホールはあっても歴史や産業を伝える博物館が無いことだけか。

振り返れば、私の最初の著書になる『太宰府天満宮の定遠館』の主たる人物は、小野隆助という真木和泉守の甥になる人物だ。今回、明治四年・久留米藩難事件の思想的中心人物は真木和泉守だ。そう考えると、小野隆助を始めに書き、玄洋社に関する著作の数々を経て、今回の久留米藩難事件に到達したことになる。グルリと一周し、再び出発点、原点に立ち戻った感がする。これから更に、何が目前に登場し、新しい発見が加わるのだろうか……。

最後に、家族、支援してくださった多くの方の協力があって本書を書き上げることができたが、今回、特に、永年にわたって支えてくれた田中稔也氏に感謝申し上げたい。

令和四（二〇二二）年十二月四日

著者識

主要参考文献

アーネスト・サトウ『一外交官の見た明治維新（上・下）』岩波文庫、二〇一一年
アクロス福岡文化誌編纂委員会編『福岡県の幕末維新』海鳥社、二〇一五年
浅見雅男『闘う皇族　ある宮家の三代』角川選書、平成一七年
葦津珍彦『大アジア主義と頭山満』葦津事務所、二〇〇七年
『天瀬町史』日田郡天瀬町役場、昭和四六年
安藤英男『西郷隆盛』学陽書房、一九九七年
伊東昭雄『アジアと近代日本』社会評論社、二〇〇〇年
伊藤之雄『山県有朋』文春新書、二〇〇九年
浦辺登『太宰府天満宮の定遠館』弦書房、二〇〇九年
浦辺登『霊園から見た近代日本』弦書房、二〇一一年
浦辺登『玄洋社とは何者か』弦書房、二〇一七年
浦辺登『勝海舟から始まる近代日本』弦書房、二〇一九年
浦辺登『維新秘話福岡』花乱社、二〇二〇年
『大川市誌』大川市史編纂会、昭和五二年
『小郡市史　第二巻』小郡市史編集委員会編小郡市、平成一五年
『小郡市史　第五巻』小郡市史編集委員会編小郡市、平成一一年
『小郡市史　補遺編』小郡市史編集委員会編小郡市、平成二九年
大城美智信、新藤東洋男『三池・大牟田の歴史』私家版、昭和五八年
尾崎士郎『私学校蜂起』河出文庫、一九八九年
尾崎竹四郎『東北の明治維新』サイマル出版会、一九七五年
小野寺龍太『幕末の魁、維新の殿』弦書房、二〇一二年
カッテンディーケ『長崎海軍伝習所の日々』平凡社、昭和四〇年
勝海舟『氷川清話』講談社学術文庫、二〇〇七年
鐘崎三郎顕彰会編『威風凛々烈士鐘崎三郎』花乱社、二〇二一年
川島澄之助『明治四年　久留米藩難記』金文堂、明治四四年
河村哲夫『柳川城炎上』角川選書、平成一一年
城戸淳一『京築の文学群像』花乱社、二〇二〇年
『久留米市史　第三巻』久留米市史編纂会、昭和六〇年
『久留米碑誌』久留米碑誌刊行会、昭和四八年
「月刊日本」（にっぽん再発見）K&Kプレス、二〇一四年

玄洋社社史編纂会編『玄洋社社史』葦書房、平成四年
権藤成卿研究会編『権藤成卿の君民共治論』展転社、令和元年
『三百藩家臣人名辞典七』家臣人名辞典編纂委員会、新人物往来社、一九九四年
篠原正一『久留米人物誌』菊竹金文堂、昭和五六年
新藤東洋男『自由民権運動と九州地方』古雅書店、一九八二年
高松光彦『九州の精神的風土』葦書房、平成四年
滝沢誠『武田範之とその時代』三嶺書房、一九八六年
太宰府市史編集委員会編『太宰府市史　通史編Ⅱ』太宰府市、平成一六年
高田茂廣校註『見聞略記』海鳥社、一九八九年
田中健之『靖国に祀られざる人々』学研プラス、二〇一三年
田中健之『昭和維新』学研プラス、二〇一六年
『筑後市史』筑後市史編纂会、平成七年
『筑後府中「権藤氏」について』筑後地方史学会編、一九六六年
鶴久二郎、古賀幸雄編、『久留米藩幕末維新史料集（下）』、昭和四二年
徳永和喜『偽金づくりと明治維新』新人物往来社、二〇一〇年
冨成博『高杉晋作』長周新聞社、一九八五年
内藤一成『三条実美』中公新書、二〇一九年
長野浩典『西南戦争　民衆の記』弦書房、二〇一八年
長野浩典『川の中の美しい島・輪中』弦書房、二〇二〇年
長野浩典『花山院隊「偽官軍」事件』弦書房、二〇二一年
中山良昭企画『新・江戸三百藩大全』廣済堂、二〇一八年
西村健『光陰の刃』講談社文庫、二〇一八年
日本歴史学会編『明治維新人名辞典』吉川弘文館、平成六年
花田衛『無冠の群像（上・下）』西日本新聞社、昭和五一年
服部之総『黒船前夜　志士と経済』岩波文庫、二〇〇三年
原達郎『柳川藩立花家中列伝』柳川ふるさと塾、二〇一七年
『幕末維新全殉難者名鑑四』新人物往来社、昭和六一年
福澤諭吉『明治十年丁丑公論・瘦我慢の記』講談社学術文庫、二〇一〇年
藤原直哉『日本人の財産って何だと思う？』三五館、二〇一五年
星野村編『星野村史　産業編』星野村、平成一〇年
松尾正信『久留米藩　幕末物語』私家版、昭和四六年

松竹洸哉『暗河　古松簡二とその同志についての覚書（一〜三）』一九七四年〜七六年
松尾龍之介『蘭学の巨人』弦書房、二〇〇七年
松尾龍之介『幕末の奇跡』弦書房、二〇一五年
松尾龍之介『鎖国の地球儀』弦書房、二〇一七年
丸茂克浩編『維新一五〇年』読売新聞西部本社、二〇一九年
御井町編『御井町誌』御井町、昭和六Ｉ年
三浦梧楼『観樹将軍回顧録』中公文庫、昭和六三年
宮崎滔天『三十三年の夢』岩波文庫、一九九三年
日本歴史学会編『明治維新人名辞典』吉川弘文館、平成六年
毛利敏彦『大久保利通』中公新書、昭和四四年
森鷗外『大塩平八郎』岩波文庫、二〇二二年
森銑三『森銑三著作集　第九巻』中央公論社、昭和四九年
森銑三『明治人物夜話』岩波文庫、二〇〇一年
『矢部村史　ひらけゆくふるさと矢部』小郡市史編集委員会編矢部村、平成四年
『八女市史　下巻』八女市史編纂会、平成四年
『柳川市史』柳川市史編纂会、令和二年
矢野寛治『団塊ボーイの東京　一九六七〜一九七一』弦書房、二〇二〇年
山口宗之『真木保臣』西日本新聞社、平成七年
山城滋『維新の残り火・近代の原風景』弦書房、二〇二〇年
山田風太郎『馬群の通過』ちくま文庫、二〇一一年
吉村昭『彦九郎山河』文芸春秋、一九九五年
吉村昭『天狗争乱』新潮文庫、平成二三年
吉村昭『彰義隊』新潮文庫、平成三〇年
頼成一、伊藤吉三訳注『頼山陽詩抄』岩波文庫、二〇〇九年

参考資料

青木繁旧居保存会
有馬記念館保存会、「有馬記念館」、二〇一七年
懐良親王顕彰会会報
「くちなし」真木和泉守顕彰会、水天宮
「山梔窩」筑後市教育委員会
「杣のふるさと文化館」八女市
西日本新聞社　二〇一七年（平成二九）一二月一五日
西日本新聞社　二〇一八年（平成三〇）三月二日
「八女市観光ガイドブック」八女市

ゆ
由利公正　89, 90

よ
横井小楠　19, 72, 89, 91, 102, 111, 155, 186, 199
横枕覚助　20, 71, 75, 129, 188, 197
横山正太郎　106
吉田松陰　35, 100, 121
吉田足穂　147, 167, 196
吉田丹波　45, 48, 78, 191
吉田半之助　51
良成親王　164
吉村昭　100
吉村武兵衛　51, 85, 87, 177, 186
吉村多聞　46, 47
吉村百助　51, 60, 85

ら
頼山陽　125
頼三樹三郎　123, 125

れ
冷泉為恭　124

わ
渡辺勘次郎　76
渡辺五郎　76, 161, 195
渡辺富門　51

87, 129, 139, 175, 185, 186
文天祥　71

ほ
堀江但馬　60
本庄一行　129
本庄仲太　85, 86, 175

ま
前原一誠　110, 118
真木和泉守　12, 33, 41, 45, 46, 47, 56, 66, 78, 81, 82, 83, 93, 98, 102, 137, 139, 146, 153, 154, 157, 168, 171, 172, 175, 184, 191, 195, 196, 197, 199
益田右衛門介　57
マストン　54
松浦淳六郎　153, 154, 197
松浦八郎　84, 102, 154, 185, 197, 199
松浦寛威　153, 154
松岡伝十郎　85, 86, 175
松崎誠蔵　85, 87
松下弥助　51
松平定敬　60
松平春嶽　90
松竹洸哉　101
松村雄之進　13, 151, 161, 167, 174, 181, 196
馬淵貢　45, 184
丸山作楽　104, 105, 199

み
三浦梧楼　120
水田謙次　56, 102
水野正剛　58
水野正名　14, 16, 18, 40, 42, 45, 46, 47, 48, 57, 58, 63, 66, 67, 69, 71, 74, 76, 77, 82, 83, 84, 86, 87, 93, 95, 96, 97, 108, 132, 139, 150, 161, 180, 184, 185, 186, 187, 188, 190, 191, 195, 197, 198, 199
光岡八郎　89
宮川渉　69, 187, 197

む
村上常次郎　45
村上守太郎　82, 86, 88, 139, 141, 184
村上要助　168, 171

め
明治天皇　128

も
毛利空桑　123, 124
毛利元徳　90
本山岩之丞　147, 171, 195
森鷗外　75
森嘉膳　172, 175

や
安井息軒　97, 102
柳瀬三郎　13, 115, 153, 167, 174, 181, 195
山岡鉄舟　103
山鹿治太夫　46
山縣有朋　112, 113, 119, 120, 121, 122, 134, 158
山縣源吾　13, 168, 171, 174
山田小平次　51
山田房之亟　51

て
寺内正毅　124
寺崎三矢吉　18, 69, 71, 129, 133, 188, 195, 197
天智天皇　105

と
徳川家康　26, 131
徳川慶喜　28, 29, 49, 52, 93, 158
徳大寺正徳　90
徳永勝蔵　51
富之丞　45
外山光輔　134, 199
豊臣秀吉　105

な
中川宮　56, 71, 112, 133, 134, 199
中御門経之　90
中村円太　121
中村庫次郎　51
中村九郎　57
中村団平　51
中山忠光　78, 84, 192
中山忠能　90
鍋島閑叟　29, 52
鍋島直正　52, 90, 93

に
西原湊　45
仁田原重行　153, 154, 182

の
野村百右衛門　46

は
箱田良助　61
蜂須賀茂韶　90
初岡敬二　74, 199
早川勘兵衛　51, 53, 76
林田瀬兵衛　50, 60
林田守隆　129
原敬　120

ひ
曳田源二　74
樋口良臣　147, 171, 195
土方歳三　59
人見勝太郎　59
日比翁助　153, 182
平岡浩太郎　100, 101, 149, 160, 161
廣澤真臣　90, 110, 113, 187, 195
廣瀬旭荘　123
廣瀬淡窓　120, 125, 161

ふ
福岡孝弟　90
福田たね　182
福原越後　57
藤田小四郎　56, 100, 102, 103
藤田東湖　56, 100
藤山佐熊　119
藤原時平　166
古荘嘉門　134
古松簡二　13, 17, 20, 35, 40, 52, 55, 56, 64, 65, 66, 67, 69, 83, 97, 98, 99, 100, 101, 109, 111, 113, 130, 134, 150, 151, 160, 174, 182, 185, 186, 187, 189, 193, 198, 199, 200
古屋作久左衛門　59, 61
不破孫一　45, 50
不破美作　16, 41, 45, 48, 49, 50, 51, 52, 53, 55, 57, 58, 64, 76, 79, 84, 85, 86,

権藤松門　125, 161, 196
権藤真卿　52, 100, 199

さ

西郷隆盛　11, 70, 81, 104, 106, 112, 122, 148, 184, 186, 187, 188, 189
榊次太夫　85
佐久間佐兵衛　57
佐田白芽　104, 186
佐々金平　50, 53, 57, 58, 60, 186
佐々成政　60
佐藤喜久次　111, 187, 198
澤之高　69, 159, 188, 195, 199
三條実美　56, 57, 68, 69, 72, 73, 79, 83, 84, 89, 91, 93, 96, 106, 109, 111, 118, 180, 185, 187

し

宍戸佐馬介　57
四條隆謌　68, 69, 70, 80, 128, 187, 188
志筑忠雄　30
篠本廉蔵　51, 196
島田荘太郎　50, 70, 71, 76, 147, 151, 159, 167, 171, 195, 199
清水真卿　52, 100, 199
下川蓑助　171, 196
下坂剛之進　50
青蓮院宮　56, 71, 112, 113, 133, 134, 186, 187, 188, 199
昭和天皇　113, 134
白江市次郎　45, 46

す

菅谷岩人　50
菅谷要次郎　50
菅原道真　166

せ

千住大之助　52

そ

副島種臣　91, 110

た

大楽源太郎　12, 13, 14, 15, 16, 18, 21, 40, 42, 69, 70, 74, 79, 95, 109, 111, 113, 114, 115, 116, 122, 124, 126, 127, 128, 129, 130, 131, 132, 133, 146, 150, 153, 154, 160, 164, 165, 166, 167, 168, 170, 171, 172, 174, 180, 187, 188, 190, 192, 196, 197
高杉晋作　57, 83, 113, 116, 121, 122, 123, 125
高田源兵衛　74, 92, 95, 111, 113, 124, 134, 150, 199
高橋悦次郎　51
高松凌雲　61, 87, 140
高山彦九郎　12, 172, 174, 175
竹内正兵衛　57
竹添進一郎　134
武田耕雲斎　56
武田禎助　115, 153, 198
武田範之　50, 76, 115, 147, 151, 153, 158, 159, 161, 171, 195, 199
立花壱岐　92
田中久重　33, 140, 143, 144, 145, 146, 179
谷干城　102, 199
玉乃世履　73

ち

長三洲　120, 121, 123

大庭陸太　44, 76, 191
大村益次郎　111, 123, 124, 125, 126, 168, 186
大山格之助　70, 73, 188
大山綱良　70, 73
小笠原長行　60
岡田庄太夫　127
岡野半兵衛　53
岡本重太郎　60
小栗上野介忠順　52
小河新吾　15, 16, 41, 48, 190
小河真文　14, 15, 16, 17, 40, 48, 50, 52, 53, 57, 58, 63, 64, 66, 67, 69, 71, 74, 76, 84, 88, 96, 103, 129, 130, 132, 150, 159, 182, 185, 186, 187, 188, 190, 195, 199
尾関権太　45
愛宕通旭　134, 199
小野清太郎　13, 168, 171, 174

か
梯譲平　85, 87, 175, 177
勝海舟　87, 92, 134, 140
桂小五郎　11, 67, 118
加藤喜市郎　51, 85
加藤常吉　83, 87
加藤道太郎　51
懐良親王　143, 152, 164
嘉納治五郎　134
鹿野淳二　69, 70, 71, 147, 148, 151, 171, 187, 195, 196
亀井昭暘　123
亀井南冥　123, 161
河上彦斎　65, 74, 92, 95, 111, 113, 123, 124, 134, 150, 186, 187, 188
川口誠夫　147, 171, 195
川崎啓吉　51
川路利良　100
川島澄之助　13, 53, 63, 64, 67, 70, 71, 74, 75, 77, 81, 88, 96, 97, 100, 111, 126, 130, 146, 149, 150, 156, 167, 174, 180, 181, 182, 186, 187, 188, 189, 193, 196
川村作摩　50

き
北川亘　85, 86, 175
喜多村弥六　85, 86, 175
木戸孝允　11, 20, 67, 74, 90, 112, 113, 118, 120, 126, 132, 188, 189
木村三郎　45, 185
久徳与十郎　46, 85, 86, 175

く
国司信濃　57, 78, 192
黒田清綱　73
黒田長知　37

け
月照　121, 170, 184
月性　121, 123
ケンペル　30

こ
孝明天皇　56, 93, 112, 128, 129
古賀十郎　19, 71, 72, 74, 92, 188, 199
後藤象二郎　90
小林甚六郎　70, 73
小松帯刀　90, 110
小森田甚三郎　46, 47
権藤延陵　123, 125, 161
権藤松窓　123

主要人名索引

あ

青木繁　181, 183
明石格弥　46
赤根武人　120, 123, 126
穴井六郎右衛門　128
有栖川宮熾仁親王　59
有馬監物　45, 52, 54, 56, 86, 87, 139, 186
有馬孝三郎　70, 188
有馬主膳　46, 88
有馬豊氏　14, 25, 94, 141, 165, 184
有馬飛騨　45
有馬豊前　45
有馬頼咸　14, 16, 29, 40, 43, 44, 45, 55, 62, 63, 69, 70, 87, 88, 94, 103, 105, 107, 129, 130, 132, 181, 184, 186, 187, 189
有馬頼永　30, 44, 82, 86, 87, 139, 141, 184
有馬頼寧　14, 81, 97, 193
安藤信正　82

い

井伊直弼　82, 184
池尻葛覃　55, 56, 86, 87
池尻茂四郎　56, 87, 102, 185
池尻嶽五郎　56, 102
池田八策　44, 50, 75, 76
石野道衛　85, 86, 175
石橋六郎　115, 153, 196
板垣退助　104, 105, 149
板垣太郎　51
板倉勝静　60
伊丹慎一郎　120, 122
一品兼基親王　165
稲次因幡　45, 46, 47, 48, 78, 191
井上馨　118, 119
井上達也　147, 171, 172, 195
伊能忠敬　61
伊部元三郎　60
今井栄　31, 45, 61, 85, 86, 87, 136, 137, 139, 140, 145, 146, 175, 177, 185, 186
今村竹堂　101
岩倉具視　89, 91, 92, 106, 188

う

鵜飼斉　46, 47
鵜飼広登　46, 197
牛島謹爾　153, 182
梅田雲浜　121, 123, 125, 184
浦辺作市　128
浦靭負　121

え

江碕済　151, 159, 182, 183
榎本武揚　58, 59, 61, 87, 186

お

正親町三條実愛　90
大久保利通　11, 90, 100, 149, 155, 158, 189
太田茂　71, 147, 156, 157, 159, 167, 196
大鳥居菅吉　71, 147, 171, 188
大鳥居理兵衛　47
大鳥圭介　59

著者略歴

浦辺　登（うらべ・のぼる）
昭和三十一年（一九五六）、福岡県筑紫野市生まれ。福岡大学ドイツ語学科在学中から雑誌への投稿を行うが、卒業後もサラリーマン生活の傍ら投稿を続ける。インターネットサイトのオンライン書店bk1では「書評の鉄人」の称号を得る。現在日本の近代史を中心に研究している。
著書に『太宰府天満宮の定遠館―遠の朝廷から日清戦争まで』『霊園から見た近代日本』『東京の片隅からみた近代日本』『アジア独立と東京五輪―「ガネホ」とアジア主義』『勝海舟から始まる近代日本』『玄洋社とは何者か』（以上、弦書房）、共著に『権藤成卿の君民共治論』（展転社）『維新秘話福岡』（花乱社）がある。
福岡市西区在住。

明治四年・久留米藩難事件

二〇二三年二月二八日発行

著　者　浦辺　登
発行者　小野静男
発行所　株式会社　弦書房
（〒810・0041）
福岡市中央区大名二―二―四三
ELK大名ビル三〇一
電　話　〇九二・七二六・九八八五
FAX　〇九二・七二六・九八八六

組版・製作　合同会社キヅキブックス
印刷・製本　シナノ書籍印刷株式会社

落丁・乱丁の本はお取り替えします。

ISBN978-4-86329-263-5　C0021

◆弦書房の本

玄洋社とは何者か

浦辺登　近代史の穴・玄洋社の素顔に迫る。近代史の重要な局面には必ず玄洋社の活動がある。玄洋社を正確に評価できなければ、近代史の流れを正確につかむことはできない。ＧＨＱによりテロリスト集団とされた玄洋社の実像とは。〈四六判・２５４頁〉【2刷】**２０００円**

霊園から見た近代日本

浦辺登　青山霊園、谷中霊園、泉岳寺、木母寺……。墓地を散策し思索する。墓碑銘から浮かびあがる人脈と近代史の裏面、《玄洋社》をキーワードに読み解き、歴史背景の解釈に新たな視点を示した一冊。〈四六判・２４０頁〉**１９００円**

東京の片隅からみた近代日本

浦辺登　日本の「近代化」の中心・東京を歩く。都心に遺された小さな痕跡を手がかりに〈近代〉を読み解く。歴史の表舞台には出てこない土地の片隅にひっそりと息づいている有形無形の文化遺産は何を語るのか。〈四六判・２５６頁〉**２０００円**

太宰府天満宮の定遠館

遠《とお》の朝廷《みかど》から日清戦争まで

浦辺登　古代の防人、中世の元寇と神風伝説、近世から幕末維新、近代までの太宰府の通史を描き、日清戦争時の清国北洋艦隊の戦艦《定遠》の部材を使って天満宮に建てられた知られざる戦争遺産・定遠館の由来を探る。〈四六判・１７６頁〉**１８００円**

アジア独立と東京五輪

ガネホとアジア主義

浦辺登　一九六四（昭和39）年東京五輪開幕――この時インドネシアが参加できなかったのはなぜか。欧米主導のオリンピックと対峙してスカルノが主導したもうひとつのオリンピック《ガネホ》とは。「アジア主義」から現代を読み解く。〈四六判・１９２頁〉**１８００円**

＊表示価格は税別

◆弦書房の本

花山院《かさのいん》隊「偽官軍」事件
戊辰戦争下の封印された真相

長野浩典 戊辰戦争の裏庭＝九州で、何が起きていたのか。あの赤報隊「偽官軍」事件よりも前に起こった、初めての「偽官軍」事件の真相を、現地（宇佐、日田、天草、周防大島、下関、筑豊・香春）の踏査と史料から読み解いた画期的な幕末維新史。〈四六判・２６４頁〉２１００円

西南戦争 民衆の記 大義と破壊

長野浩典 西南戦争とは何だったのかを民衆側、惨禍を被った戦場の人々からの視点で徹底して描き問い直す。戦場のリアルを克明に描くことで、「戦争」の本質（憎悪、狂気、人的・物的な多大なる損失）を改めてうったえかける。〈四六判・２８８頁〉【２刷】２２００円

ある村の幕末・明治
「長野内匠日記」でたどる75年

長野浩典 文明の風は娑婆を滅ぼす――村の現実を克明に記した膨大な日記から見えてくる《近代》の意味。幕末期から明治初期へ時代が大きく変転していく中で、小さな村の人々は西洋からの「近代化」の波をどのように受けとめたか。〈Ａ５判・３２０頁〉２４００円

江戸という幻景

渡辺京二 人びとが残した記録・日記・紀行文の精査から浮かび上がるのびやかな江戸人の心性。近代への内省を促す幻景がここにある。西洋人の見聞録を基に江戸の日本を再現した『逝きし世の面影』著者の評論集。〈四六判・２６４頁〉【８刷】２４００円

小さきものの近代 1

渡辺京二 『逝きし世の面影』『江戸という幻景』『黒船前夜』に続く日本近代素描。近代国民国家建設の過程で支配される人びと＝小さき人びとが、その大変動をどう受けとめ、自身の〈近代〉を創り出すためどのように心を尽くしたかを描く。〈Ａ５判・３２０頁〉３０００円

＊表示価格は税別